miss Cagniolo

中华译学馆 · 艺术家

米开朗琪罗传

[法] 娜丁·索德尔◎著

刘 懿 谭心怡◎译

浙江大学出版社
ZHEJIANG UNIVERSITY PRESS

《哀悼基督》（1498—1499）

《大卫》局部

《大卫》（1501—1504）

领主广场复刻版《大卫》（1910）

《布鲁日圣母》
（1503—1505）

《圣家庭与圣约翰》
又名《多尼圆浮雕》
（1503—1505）

《创世纪》局部（1508—1512）

《创造亚当》（1508—1512）

《摩西》，尤利乌斯二世陵寝（1513—1516）

《洛伦佐·德·美第奇陵墓》（1524）

《朱利亚诺·德·美第奇陵墓》（1531—1534）

《最后的审判》（1534—1541）

米开朗琪罗设计的罗马圣彼得大教堂圆顶（1546）

达尼埃莱·达·沃尔泰拉（1509—1566）
《米开朗琪罗·博那罗蒂画像》（1544）

佛罗伦萨圣十字圣殿中的米开朗琪罗墓

目　录

巧合还是预兆

　　米开朗琪罗·博那罗蒂，又称米开朗基罗，1475年3月6日出生在一个富有传奇色彩的地方：位于卡斯廷山谷（托斯卡纳地区）中长着稀疏灌木的岩石山脊高处，一座残破的城堡。城堡的所在地丘西小镇仿佛与山上的岩石融为一体。山下，一条涓涓细流蜿蜒经过幽暗的峡谷，这是流向罗马的台伯河。而佛罗伦萨不可分割的一部分——阿诺河，也在城堡的脚下发源。

　　多么神奇的巧合：米开朗琪罗就出生于他的人生经历中最重要的两座山坡的交界处，两座在绝大程度上因他而在艺术史上声名鹊起的城池之间。另一个更令人难以预知米开朗琪罗命运的重要原因是他的父亲。洛多维科·迪·列奥纳多·博那罗蒂·西蒙尼曾是佛罗伦萨的上流绅士，他的阶级观念根深蒂固，由于经商失败他不得不第一次屈尊去工作。当米开朗琪罗出生时，他刚刚离开佛罗伦萨，前往一百多公里以外的卡普雷塞和丘西出任这两个地区的最高行政长官。

　　在这位雕塑家与他父亲和兄弟们的大量信函中，从未提及过他的母亲弗朗切斯卡·迪·内里·米尼亚托·迪·锡耶纳。她过早地踏入婚姻，在米开朗琪罗六

1

岁的时候就因生育的过度劳累而去世了,留下了五个儿子(大儿子利奥纳多,后来出家做了修道士,因此米开朗琪罗就成了家里的顶梁柱)。不知米开朗琪罗还能否记得她?另一个巧合:洛多维科把他寄养在了塞蒂尼亚诺的一位石匠家,让石匠的妻子做他的乳母。米开朗琪罗以托珀里诺之名被夫妇二人养大。在学会读写之前,他就学会了使用榔头和凿子。

米开朗琪罗直到十岁才重新回到父亲身边。他已经再婚的父亲这才开始为他这个已经明显像农民的孩子的教育而担忧:他举止像农民,但更严重的是言语也像。因此,他比佛罗伦萨其他富人家的孩子晚了四年才离开家,进入学校。米开朗琪罗在他的书信里明确表现出——和威尔第①一样——他学习成绩不佳。但事实似乎与之相反,他已经赶上,甚至远远超过了同龄的孩子(当时他用拉丁语写成的作品展现出极佳的文化修养)。

另一个新的巧合:他与弗朗切斯科·格拉纳奇的相遇。后者是多米尼哥·基尔兰达约的学徒,多那太罗的学生,而这两位在当时是佛罗伦萨颇有威望的画家和雕塑家。对于一个从小就在"视觉学校"中学习的十九岁画家来说,一个以街上的"动态模特"练习的小孩会不吸引他的注意力吗?当然不会,尤其当我们拥有米开朗琪罗般的画工时……就如即使是一个十四行诗的作者,一个著名的书简作家,偶尔也会变成一个小说家:还是在米开朗琪罗的书信中,幻想战胜了现实。

---

① 译者注:朱塞佩·福图尼诺·弗朗切斯科·威尔第(意大利语:Giuseppe Fortunino Francesco Verdi)曾报考米兰音乐院,未被录取,后跟随拉维尼亚学习音乐。

　　格拉纳奇劝说米开朗琪罗离开学校,加入基尔兰达约的工作室中。但对于他的父亲来说,这无疑是一个令人蒙羞的计划。洛多维科·博那罗蒂是一个专制家长,对于与金钱和种族相关的德行格外在意,直到儿子三十三岁的时候才解除对他的监护。[①]

　　米开朗琪罗的两位传记作者,他的朋友和学生阿斯卡尼奥·康迪维和乔尔乔·瓦萨里都认为当时米开朗琪罗受到了虐待:"他被憎恶艺术的父亲和叔叔们冷眼相待,而且常常受到他们残忍的毒打。他们对艺术的卓越和神圣一无所知。对于他们来说,让艺术进入家中仿佛是一种耻辱。"

*

　　米开朗琪罗坚定而又不屈服的个性让国王、大主教和教皇都对他礼让三分(暴躁的尤利乌斯二世教皇后来差点让他在西斯廷大教堂的脚手架上送命)。这种不轻易屈服的性格使他在这场家庭冲突中不忘初心,始终坚持自我。直到十三岁,1488年4月1日,在父亲的同意之下,他以三年共计二十四个弗罗林金币的工钱,如愿以偿地进入了基尔兰达约的工作室。

　　当时有个不成文的习俗:工作室的画工是没有报酬的,尤其是第一年的时候……但米开朗琪罗却因他的作品而早早出名(他的风格和他笔下独特的折翼天使,如

---

　　① 法定的成年人还是要屈服于大家长式的专制权威。

3

《曼彻斯特的圣母》,1485—1490 年画成的那些蛋彩画①,就被认为是他的杰作),尽管这些画作早已遗失。

我们不能再将他的成功称为巧合了,这更多是一种运气,他应得的好运:他有幸常常出入于佛罗伦萨共和国首都中最好的画室,这座城市在当时被认为可与古希腊的雅典城媲美。文艺复兴运动中的佛罗伦萨人也在当时的统治者洛伦佐·德·美第奇(延续了四代的统治的美第奇家族的继承人)身上看到了伯利克里的影子。在文明的起源之时,我们有古希腊文明;而在 15 世纪到 16 世纪,我们有被称为文艺复兴运动的"知识复苏"。

在一个由许多小城邦镶嵌而成的意大利(米开朗琪罗出生时共有十四个城邦,其中有南方的那不勒斯王国,中部的教皇国以及北部庞大的威尼斯共和国),人们对城邦要比对国家拥有更多的归属感,以至于一个艺术家常常以他的城邦为名(如彼得罗·万努西的昵称"佩鲁吉诺"就来源于城市名"佩鲁贾";列奥纳多·达·芬奇名字中的"芬奇"就是指芬奇镇)。然而,佛罗伦萨不仅是一个前所未有的知识与艺术的发源地,还是一个与罗马和威尼斯距离相当的战略重地。它依靠热那亚港口成为欧洲纺织业的中心,城市的经济实力大增,连教皇都要倚靠其发展。

米开朗琪罗在字里行间强调了这一形势,坚信佛罗伦萨比意大利其他的任何城市都要文雅;他甚至这样强

---

① 一种在 12 世纪和 13 世纪左右由"原始"的画家创造的绘画技术。制作方法是在油画颜料中加入蜂蜡、打散的蛋液或偶尔加彩色粉笔末。这种画在木板上的蛋彩画技术在 21 世纪被一些画家,如莱昂诺尔·菲尼重新使用。这种技艺非常难,因为蛋彩几乎立刻就干燥了。

调过:"我们的种族不能消亡……要支持我们的种族……我们这一种系的人。"①佛罗伦萨的物质富足让人们不再向往虚妄的天堂。视古希腊和古罗马为榜样而发展起来的这种幸福安逸,建立在以希伯来犹太教神秘卡巴拉哲学②为首的多种宗教的统一之上,并将对柏拉图作品的独特理解作为基础。而与此同时,世界财富的巨大消费国——梵蒂冈,宣布了教会分立。

从建筑到哲学,这场古代文艺的复兴与"美第奇"这个名字紧密相连。没有比米开朗琪罗更幸运的人了:就像我们后面会看到的,他被洛伦佐·德·美第奇(又称"伟大的洛伦佐")赏识,然后在洛伦佐的宫殿中和他的孩子们一起被抚养成人!

*

洛伦佐·德·美第奇是谁?他的曾祖父是一个富有的银行家,在 14 世纪初被选为旌旗手("执军旗的人",也就是担任最高行政长官的职务)。他的祖父老科西莫是个大人物,当时,他不仅在佛罗伦萨地区,甚至在全世界都是最有势力的大财阀。老科西莫作为政府的心腹谋士,在世时一直深受爱戴,以至于 1464 年他去世时,人们在他的墓碑上刻下:"国家之父"。他醉心于建筑和艺术,在雕刻家米开罗佐的设计下,将自己的宫殿变为一个真

---

① 原文中为意大利语。

② "卡巴拉"一词来源于希伯来语中的"接受"。"卡巴拉"即《圣经》中上帝在西奈山上向摩西揭示的律法(《摩西之约》)中的一种神秘仪式。这些律法是通过内部信徒传播的。

正的博物馆。在此,汇聚了佛罗伦萨最伟大的画家和雕刻家的作品,以及极其珍贵的古代真迹。尤其是柏拉图的手稿,在他的收藏前几乎是无人知晓的。对于哲学的热爱促使他资助了许多极负盛名的人文学家,并与他们共同建立了柏拉图学院。这所学院也成为欧洲文艺复兴的精神灯塔。

老科西莫的儿子皮耶罗一世·德·美第奇,却要限制这些损害家族财富的支出(但没有停止要求贝诺佐·戈佐利大师完成美第奇皇宫教堂美轮美奂的壁画《东方三王的随从》)。他只比他的老父亲多活了五年。1469 年 12 月,他刚刚年满二十岁的儿子洛伦佐,后被称为"伟大的洛伦佐"①,就在一片热情拥护中成为执政者,并就此开启了"洛伦佐时代",也是佛罗伦萨文艺复兴中公认的最群星闪耀的时代。历经三代的文化与创造的累积,这里成为无数伟人大放异彩的舞台:波提切利;列奥纳多·达·芬奇,一个百般嫉妒着米开朗琪罗,同时又被后者狂热嫉妒的博学人物;以及天才中的天才,米开朗琪罗。

---

① 译者注:又称"华丽者"洛伦佐(意大利语:Lorenzo il magnifico),书中也称"洛伦佐大帝"。

美第奇花园的魔力

　　和当时其他的画家一样,基尔兰达约的整个工作室都是为他打下手的。在接到订单后,他先设计图样并画出最核心的部分,然后让学徒们完成剩下的次要部分。这样一来,大有前途的学生们可以很快达到一个较高的水平。1488 年,当米开朗琪罗进入工作室时,基尔兰达约接到了从洛伦佐·德·美第奇的舅舅格罗万尼·托纳布尼(时任该家族银行罗马分行的经理)处发来的订单——为新圣母大教堂的祭坛绘制一系列壁画,讲述圣母和施洗者约翰的生平。这份订单也成就了他的名望。米开朗琪罗当时还不到十四岁,就加入了这幅巨作的创作中。他在创作的过程中展现了绘画的精髓:既要坚定有力,又要流畅自如。也是他提出绘画中要表现出身体的动作和灵魂的变幻。

　　米开朗琪罗很快就展现出了他好挖苦人又十分不羁的性格。瓦萨里描述说,一天,趁着基尔兰达约不在,米开朗琪罗没有接着画新圣母大教堂的草图,而是勾勒出了正在脚手架上绘画的同伴们。多米尼哥回来看到米开朗琪罗的画后,嚷道:"他比我还精通此道!"他还记录说:"为了画出魔鬼奇特的形态,米开朗琪罗还买了一些带有奇怪颜色的鳞片的鱼;在这幅作品中,他展现了极其出众的才华,从而名利双收。他还描摹了很多古代大师的作品,其精准度和相似度极高,足以以假乱真。"

在《米开朗琪罗的一生》一书中,康迪维透露说,基尔兰达约对他的这个学生日益嫉妒,以至在预定的三年期限到来前,1489年夏天,他就让年仅十四岁的米开朗琪罗离开了。他的离开使基尔兰达约如释重负。根据瓦萨里所言,一系列事件将会像我们数百年后,仍在夜谈时传诵的精彩故事那样发展下去。下面所说的就是这段故事。

*

一天,名为"伟大的洛伦佐"的君主施恩,将雕刻家贝尔托尔多任命为圣马可广场花园的负责人。这座花园里汇集了许多世界上独一无二的艺术作品(雕塑、古文物、画作、货币、宝石)。这个"负责人"的头衔暗藏着君主的双重愿望:一是将自己的藏品托付给一个有修复技术的专家;二是在花园中创立一个雕刻学院(这一做法当时似乎在佛罗伦萨失传了)。

洛伦佐大帝于是派遣了一个信使到多米尼哥·基尔兰达约处:

"你的工作室里有没有才华出众的年轻艺术家,足以为贝尔托尔多大师的新学院争光?"

老贝尔托尔多当时已经多大岁数了呢?好像所有的佛罗伦萨居民都认识这个满头白发但双眼明亮的小老头。他的轶事,就像他写的一大本广受欢迎的菜谱一样有滋味,从平民到贵族,都在私下里小声谈论着。

当洛伦佐大帝让人到圣神医院通知贝尔托尔多时，大家都在窃窃私语说他已经快要不行了。而当时他最大的遗憾就是不能再进行艺术活动、烹饪精美菜肴。有传闻说，得到任命后，他激动得从草垫上跳起来。一想到自己可以在辞世前把雕刻艺术黄金时代的秘密传给有天赋的年轻人，他整个人都振奋了起来。

实际上，这位单纯的贝尔托尔多是伟大的多那太罗（1386—1466）生前最喜爱的学生。能够与这样一位大师亲密相处，是何其幸运！多那太罗不仅仅创造了文艺复兴时期的第一个"圆雕"裸体作品《大卫》①（后面我们会再谈到），以及第一个青铜骑马雕塑《格太梅拉达骑马像》，他还将非常困难的"浅浮雕"技术引入了意大利。这是一种在平面上的浮雕，要求在没有深凿石头的同时展现出画面的层次感和立体感。

贝尔托尔多也曾因青铜雕刻享誉全国。但是他又创造了什么呢？现在，他的双臂无力，手指僵硬……他一想到自己获得了这个意料之外的机会，喜悦之情油然而生，双颊都充满了血色。他从此将不再铸造青铜器，而是铸就那些天赋异禀的人才。他不自觉地把这种塑造模式看做了培养学徒。那他是否会把那个打破一切典范、在他谦逊地认为自己失败的领域都大放异彩的天才当成自己的学生？多那太罗的导师吉贝尔蒂曾认为自己的弟子都是"无创造能力的复制者"，多那太罗又是否对这位导师抱有过这般的崇敬和热爱？

就像我们手把手地扶着孩子直到最后放开，贝尔托

---

① 在此之前，裸体雕塑只能采用浅浮雕的技术。

尔多在言语上指导着学徒们笨拙的动作,一点一点教会他们使用木炭棒、黏土和蜂蜡,这些在他看来对于雕塑不可缺少的技艺。①

佛罗伦萨冬末的酷寒逼人。当贝尔托尔多在大量石棺和小天使的雕刻工作中重获生命力时,在城市的另一端,基尔兰达约正在选择在洛伦佐大帝看来能够体现自己教学的价值的人才。第一批入选的是一个因为外貌受尽嘲讽的名为米开朗琪罗的丑小子(扇风耳、深陷的双眼、茅草一样的头发……这是他自己描述的);还有帅气的弗朗切斯科·格拉纳奇,一个金发高大的男孩,他暂时充当着米开朗琪罗的守护天使,将与他甘苦与共。

现在,一个好消息公布了:一份请他们二人前往国王的花园的邀请函。当米开朗琪罗和格拉纳奇穿过沉重的栅栏时,贝尔托尔多刚刚回到了他的房间。两人就在花园陈列的各色古董中迷失了方向。最后,他们在角落里发现了一个蹲着的小男孩,他正忙着用泥土做一座塑像。显然,他是来迎接来访者的。小男孩像个小动物一样跳了起来,声音洪亮地自我介绍起来,还像喜剧演员一样比画着:

"皮埃尔·托里贾诺! 我来自托里贾尼家族!"

用泥巴做塑像的工作丝毫没有弄乱他散发着香气、梳理整齐的头发,也没有弄脏他鲜绿色的丝绸衬衣。后来,米开朗琪罗将这位花花公子比作一位战士:灵巧能干,忠于朋友,但语气傲慢,急躁易滋事。

米开朗琪罗客气地笑笑,霎时间就捏出了几个塑像,

————————

① 米开朗琪罗非常明确地反对这种填鸭式教学。

仿佛是想和这个孩子一争高下。这令洛伦佐大帝大为惊叹。大家都被托里贾诺口若悬河的说辞吸引了，谁也没注意到洛伦佐大帝的出现。洛伦佐大帝仿佛是从他周围的石头里雕刻出的：深色的长袍掩不住他健美的身躯。年逾四十，他依然被认为是佛罗伦萨最英勇的骑士、最优雅的舞者，同时也是一个如饥似渴地阅读希腊和拉丁文手稿的读者。他浩瀚的图书馆中收藏着大量手稿，并向所有人开放。在他的身上，人们看到了亚历山大大帝的影子。

可这位君主又是多么丑陋啊！该如何描述他身上的那种气场？所有胆敢打量他的人都双腿发软，不由自主地想要跪下来。他下颌粗短，蒜头鼻，嘴唇在两条深深的法令纹之间向前凸出；在白色领边的垂直线上，他茂密的黑发像是被砍柴刀随意地砍了几下，完全挡住了眉毛，却露出了大而阴沉的双眼，目光出奇的睿智。

感觉到了君主的赞许，米开朗琪罗掏出了凿子，开始大胆敲打一块被丢在一边的大理石。他"依照古风"将其塑刻成了农牧之神的头，刻得如此栩栩如生，以至于雄才大略的洛伦佐大帝，此时竟找不到词语来称赞他，只是喃喃自语道："完全是天才！"这位年轻的雕刻家已经不满足于模仿了，他突发奇想，把农牧之神的嘴扭曲变形，露出了他的舌头和牙齿！

伟大的洛伦佐紧紧搂住这个年轻人的肩膀，这使他的心跳倍增。洛伦佐像往常一样温和地开玩笑说：

"你应该知道吧，不是所有老年人都有一口完整的牙齿！"

因为想起来罗马分行的负责人还在等待他的接见，

洛伦佐大帝很快转头离开……而米开朗琪罗转头就敲掉了他雕刻的农牧之神的一颗牙齿，还削去了他的牙龈。

＊

这位君主惊异于米开朗琪罗超乎常人的天赋，每天都把他挂在嘴边。最终他决定要把米开朗琪罗留在自己家中，并且告诉洛多维科，他希望把他的儿子当作自己的来抚养。洛伦佐在自己的宫殿中为米开朗琪罗准备了一个房间，并且邀请他和自己的儿子、宫廷的显贵们一起用餐。

这个小雕刻家在宫里生活了四年，直到 1492 年他的保护者去世。在此期间，每个月洛伦佐大帝都付给洛多维科五个杜卡托金币的抚养金，并任命他为海关总署长官。每到节庆日，米开朗琪罗都骄傲地穿上一件极华美的紫色大衣，这是他的赞助人给予他的礼物。

当一个传记作家，像个书简作家一样，开始"文学创作"的时候，哪些是真相，哪些是虚构？

无论如何，对于瓦萨里所描写的浪漫情节，我们还是要持几分保留态度：

从老科西莫时代开始，这个圣玛尔谷修道院旁袖珍的圣马可花园，就是一个露天的古代艺术博物馆。因此在这里创立一个雕塑学院不是难事。然而在卡尔米内圣母大教堂中，当贝尔托尔多让他的学生们描摹马萨乔的壁画时，前文中提到的年轻的托里贾诺被嫉妒冲昏了头脑，毫不绅士地一拳打在了米开朗琪罗的脸上。"我握紧了拳头，"他对画家贝韦努托·切利尼说道，"我狠狠地打

12

在他的鼻子上。我感觉他的骨头像一块小蛋卷①一样都粉碎了。就这样，我给他留下了一个终身的纪念。"

如果说雕塑艺术的衰微明显使洛伦佐·德·美第奇心生悲痛（继多那太罗和韦罗基奥②之后，吉尔贝蒂③的后代也江郎才尽），这一切对于米开朗琪罗的父亲来说都是无关痛痒的。根据康迪维的记载，他对于洛伦佐大帝的请求十分抗拒：

> 于是米开朗琪罗回到了家中，并且委派他的父亲做洛伦佐大帝的特使。而他的父亲不知为何会受到召见，在格拉纳奇和其他人的反复劝说下才勉强答应前往宫廷。他十分抱怨洛伦佐，说他让自己的儿子偏离了正常的生活轨迹，而且蛮不讲理地表示，坚决不会允许自己的儿子成为一个打石匠。格拉纳奇无法让他明白雕塑家和打石匠之间巨大的差别，并和他在这个问题上争论良久。④1

谁敢对君王说不？然而这一次，这位令人痛心的专制父亲展现了他的勇气：

"如果我们接受了陛下的任命，那完全是因为米开朗琪罗和我们所有人都希望取悦于您，全身心为您！"

---

① 原文为一个古词汇，指一种小饼。
② 译者注：安德烈·德尔·韦罗基奥（意大利语：Andrea del Verrocchio），意大利画家和雕塑家，达·芬奇和波提切利的老师。
③ 译者注：洛伦佐·吉贝尔蒂（意大利语：Lorenzo Ghiberti），意大利文艺复兴初期雕塑家。
④ 本书正文引用的参考文献以注释形式收录于文后。编号格式为1，2，3……，全书连续编号。

＊

　　洛伦佐·德·美第奇没有任何官职，但却是佛罗伦萨地区幕后的神秘统治者。他获得这个声望既不是因其侯服玉食，当然在这一点上无人可与他媲美；也不是因其权倾朝野。作为一个见解独特、多谋善断的男人，他不仅受到佛罗伦萨地区民众的赞美，更受到他们的爱戴。他似乎是一个矛盾的集合体，一方面他有着冷静的政治智慧，另一方面他也拥有着艺术家的敏感特质和阳春白雪的文化素养（他的诗歌被同代人广为传诵）。在他和蔼可亲的外表下，蕴藏着足以维护整个意大利稳定的外交手段。洛伦佐时期的佛罗伦萨是一个绝无仅有的舞台，既可以上演民众狂欢的风暴，又可以听到在老科西莫时代，由哲学家马尔西利奥·费奇诺开创的柏拉图学院中的严肃哲学讨论。米开朗琪罗就将在此度过四年时光。

　　马尔西利奥·费奇诺是老科西莫麾下最杰出的人才。这个身材矮小的男人，脸上的皱纹因经常发作的偏头痛和持续失眠而不断加深。在五十七岁的时候，他"翻译了一切"：柏拉图对话录全集、亚里士多德的作品、孔子的作品、琐罗亚斯德的作品、埃及的哲学思想……还包括《波依曼德拉》①十四卷全集，这是柏拉图追随的大师赫尔墨斯·特里斯墨吉斯忒斯的失传作品。

　　马尔西利奥·费奇诺从小由父亲教授医学，长大后成为一名极负盛名的大作家，并将印刷术引入佛罗伦萨。

----

　　①　千年前的圣书，记载了犹太神秘哲学派的秘传知识，是所有宗教的基础。犹太人的传统文化和圣奥古斯丁都确认这本《波依曼德拉》的存在。

他也成为当时人们眼中的一个神秘人物:他睡觉时,是不是蜷缩在衬衣里,手里还握着羽毛笔? 他是不是总是穿着同一件刺绣紧身上衣,直到衣服变得像耷拉在脚踝的旧短靴一样?

哲学思想使宗教法庭的审判之火越烧越旺。你们怎么胆敢宣称人类是自己的缔造者,而不是上帝依照自己的模样创造了人类呢("世界之眼""上苍的微笑")?

在学院中,大家也碰到了克里斯托弗罗·兰迪诺。他既是洛伦佐·德·美第奇的父亲皮耶罗一世·德·美第奇的教师,也曾教过洛伦佐本人。他长期担任君主的秘书,在七十岁时,这位依然气宇轩昂的老人为第一版《神曲》编写的注释在佛罗伦萨出版,并因此得到了意大利人民的敬意。人们尊称他为"第二位但丁"。他的宏图:将"俗语"(即意大利语,当时被认为是一种土话、俚语)变为一种可以取代拉丁语的高贵语言。当时拉丁语是梵蒂冈强制要求采用的文化语言。在翻译普林尼、贺拉斯和维吉尔等人的著作过程中,他破除陈规,使这些译作成为政治和宗教方面真正的经典。

在柏拉图哲学家中,有一位赫赫有名的年轻伯爵,那就是皮科·德拉·米兰多拉(当时只有二十六岁),他也被誉为"无所不知之人"。整个欧洲的民众都想去向这位天意的代言人寻求建议。他拥有金色的卷发和优雅的身姿,美好得如同波提切利笔下的天使。同时,他又有着不可思议的才能:在他的"记忆宫殿"中,储存着超过 20 种现存或不再使用的语言(其中可能包括那些犹太教神秘哲学家之间交流使用的密语),以及这些语言的所有作品。他对这些作品的记忆几乎能精确到文中的每一个逗号。1487 年,由于他在《900 论题》一书中调和了所有的宗教,教皇英诺森八世认定该书为异端,并在罗马公开烧毁了这些书。传闻说,在伟大的洛伦佐庇护他从梵蒂冈逃离之前,他偷偷印了几本样书,在私下流传。

谁又能从这个三十六岁、高大的年轻人的圆脸红颊中认出,他就是波利齐亚诺,那本《诗集》(该书是自彼得拉克之后最负盛名的诗集。全书颂扬了洛伦佐的弟弟朱利安,后来他被帕齐家的人杀害①)的作者?人们都说他是那么的丑陋,以至于洛伦佐在他的衬托下都显得帅气了。从早到晚,他就笨手笨脚地在宫廷里跑来跑去,满脸通红,身后跟着洛伦佐的七个孩子。他负责他们的教育。这位出众的拉丁语和古希腊语学者从十几岁就开始出书,并且十分厌恶把教育与宗教联系起来。他始终坚持寓教于乐,后来成了米开朗琪罗的家庭教师。

波利齐诺亚对于米开朗琪罗的作品影响深远。他在作品中常常赋予天神一种喜悦之感,甚至是狂欢之情(如西斯廷穹顶壁画上的《诺亚醉酒》,着重描绘了勃起的性器),他仿佛能在颠覆圣经教义的过程中获得一种做坏事的小快感。

*

此时异端学说似乎也在议会初现端倪,但它也将培育出两位深刻地影响了米开朗琪罗命运的教皇:

洛伦佐的小儿子乔凡尼,只比米开朗琪罗小八个月。

---

① 帕齐谋反事件(1478 年),由美第奇的敌对家族煽动策划,也受到了西施德四世教皇的支持。

一个其貌不扬但是天资聪颖的孩子。有一些恶言称他的聪慧只会使他更加懒惰，不求上进。然而这种诽谤是徒然。伟大的洛伦佐微笑着反驳说，这个孩子有一种外交上的天赋。乔凡尼的命运蓝图已经绘制好，他应该以最高的精神领袖之位巩固美第奇家族的金融霸权：他将成为教皇。在他的父亲去世之前不久，他已被许诺，一满十六岁就可以荣登枢机主教之位。在前往罗马接受册封的路上，乔凡尼收到了父亲的最后一封书信。在信的空白处，洛伦佐骄傲地写道："致我的儿子枢机主教。"

二十年后，1512 年，伟大的洛伦佐最大的梦想实现了：枢机团在肃穆的西斯廷教堂召开了为期六天的会议，一致选举"大个子"乔凡尼为利奥十世教皇。在这二十年间，乔凡尼完美地遵循了父亲的教诲：绝不树敌。

朱利奥，洛伦佐已故弟弟朱利亚诺的私生子，与米开朗琪罗差不多同岁。他的身材高大修长，举止优雅，性格腼腆，和他的堂弟乔凡尼截然相反。但他机智地成为乔凡尼最不可或缺的朋友：不仅是知己密友，还是可以一起奋斗、共同决策、同甘共苦的人……他追随着利奥十世到罗马，并成为其秘密幕僚。1523 年末，在利奥十世死后的二十二个月后，朱利奥接替了前任阿德里安六世的教皇之位，被封为克雷芒七世教皇。和曾经对利奥十世一样，所有在罗马的佛罗伦萨人又为美第奇家族立起了一座巨大的凯旋门。喜悦的号角再次吹响……洛伦佐的梦想超额实现了：美第奇家族出了不是一位，而是两位教皇！

在美第奇宫殿中的讨论，也反映在了半个世纪后的西斯廷大教堂壁画《最后的审判》中。但在阅读米开朗琪罗的诗[2] 时，人们可以更加深切地联想到但丁笔下的地

狱,或者柏拉图学者描述的死亡:

> 我的厄运啊! 厄运!
>
> 那些逝去不可追忆的过去,
>
> 我竟不能在其中找到完全属于我的一天。
>
> 啊! 呕心沥血,夜以继日,
>
> 我已找不回我的灵魂!

　　读者们应该读一读这些诗句的意大利原文。因为就像爱伦·坡的《安娜贝尔·李》一样,我们很难将韵律的乐感也翻译出来。诗歌的字里行间既表达了一个被伊甸园驱逐的男人的痛苦,又抒发了文艺复兴时期作为一个全能的人的骄傲。"觉醒的米开朗琪罗"是一个被剥去了皮的生者。他的传记作者认为,他在西斯廷大教堂的壁画《最后的审判》中,特别是通过画中使徒巴多罗买手中拿着的一张血淋淋的人皮,表现出了一种病态的幽默感。

　　一个极其重要的细节是,壁画中的巴多罗买不仅拿着他的人皮,还拿着执行这个酷刑的刀具:他自己既是行刑者,又是受刑者。仔细看看:狂怒中的巴多罗买,秃顶,还蓄着预言家式的长须,一点也不像米开朗琪罗。然而,那张象征着脆弱和痛苦的人皮,头发茂密而且基本没有胡子,和画家本人几乎一模一样。仿佛巴多罗买的每一刀都让这位信徒更加接近米开朗琪罗本人。这幅自画像仿佛是在说:"我雕刻时的每一下都在赋予石头生命①,这也是我正在蜕下一层不相配的、丢脸的皮肤!"

　　"圣人米开朗琪罗?"我们要把他想象成一个对自己

---

　　① 与达·芬奇相反,米开朗琪罗总是将绘画认作是雕塑的一种形式,换言之,是一种浅浮雕的艺术。

的作品十分不满,甚至想将其打碎的看客;一个将大理石视为美和真理的艺术家;同时也是一个对于作品的局限性难以忍受的人。

毋庸置疑,米开朗琪罗是有史以来最伟大的天才之一。没有人能证实他究竟是从哪位老师那里习得了雕塑的技术。不是青铜雕塑的专家老贝尔托尔多,也不是像老板一样给他付工资的基尔兰达约。米开朗琪罗与他的小天使们(带着花冠的小天使,在意大利文艺作品中非常常见)的联系大概要追溯到著名的雕塑家贝内代托·达·马亚诺,他远在基尔兰达约之前就启蒙了米开朗琪罗:"像我奶奶的乳汁",米开朗琪罗自嘲道。

*

米开朗琪罗的第一件令人瞩目的作品——《梯边圣母》,是他在十六岁时完成的一座小型浅浮雕。而就在这一年,老贝尔托尔多去世了。和老贝尔托尔多相比,多那太罗对米开朗琪罗的影响更大。米开朗琪罗重新采用了多那太罗在柏林的《帕齐圣母玛利亚》中采用的浅浮雕技术。这一在前文中已经提及过的技术受到了建筑师布鲁内莱斯基的透视法的启发。它是指在保证观看者视觉效果的同时,尽量使雕塑的表面扁平化,只有在一定的距离以外才能欣赏到雕塑的匀称比例。瓦萨里将《梯边圣母》与多那太罗的作品作比较,他直白地说:"只有在这件作品中,我们才能看到更优雅、更精致的构图!"

米开朗琪罗在哲学家波利齐亚诺的建议下,开始进行第二个有趣的作品《半人马之战》的创作。这是一座在凸面大理石上完成的大尺寸浅浮雕。15 世纪的意大利逐渐将艺术的主题从宗教转移到古代文化上。事实上，米开朗琪罗掌握了圣马可花园的钥匙。绝大部分猜测说，米开朗琪罗在阐释罗马诗人奥维德的《变形计》中的一篇文章的过程中，从一座罗马石棺上描绘的战争场景中获得了灵感。在肢体的交错缠绕间，智慧战胜了狂热。正如他其他的作品，米开朗琪罗的描绘重点也在这一雕塑中展现出来：运动中的男性裸体。

《半人马之战》又是如何受到皮萨诺父子的雕塑作品的启发？这个启发究竟有多么重要呢？伟大的艺术家中的第一人无疑会使艺术发展的历史进程加快（只要想想毕加索）……米开朗琪罗明白，这座恰好在洛伦佐·德·美第奇 1492 年 4 月去世前制作的《半人马之战》，是第一个与他的名声相称的作品。由于他后来回到了父亲家中，这个作品就没有完成。但这座雕像将会陪伴他走过一生。

洛伦佐由于痛风引起的突发热病及后来被怀疑是中毒而引起的腹痛，于四十三岁时逝世。出乎所有人的意料，他要求接受圣马可教堂的修士萨伏那洛拉的圣油涂抹仪式。他为什么会选择这样一个曾经在布道中宣讲魔鬼思想的道明会修士？还有其他谜团接踵而至：在洛伦佐去世时，一颗彗星在深夜划破天际，使当地亮如白昼；动物园中的狮子也震耳欲聋地吼叫起来；第二天，他的医生皮埃尔·莱尼的尸体在一口井底被发现。

睁眼入睡

洛伦佐大帝的逝世使米开朗琪罗陷入巨大的悲恸之中。而温和的老贝尔托尔多不久后也去世了。这使得米开朗琪罗在深切的悼念之上,又平添了一层被抛弃的孤独感。随后,情况并没有好转:他见证了大臣们为了纪念洛伦佐,一致将他的大儿子,愚蠢傲慢的皮耶罗·德·美第奇推举为君主。这让他无比忧心!

米开朗琪罗沮丧地回到了父亲的居所,重新和他的弟弟博纳罗多挤在了一张床上。他在皮耶罗身边的时间很久,深知他的傲慢、轻浮和软弱。这两个年轻人之间毫无相通之处。只需要一个眼神,就能明白自己不受对方的欢迎。

没有其他的办法,米开朗琪罗只好回到那个他不怎么喜欢的基尔兰达约工作室。而基尔兰达约,不知出于什么原因,将他的工资翻了一倍。这倒使米开朗琪罗的父亲洛多维科·博那罗蒂高兴不已。年轻的米开朗琪罗是工作室里动作最快的人。他一完成"纸版画①",就前往塞蒂尼亚诺拜访托珀利诺,或者去拜访佛罗伦萨圣神大

---

① 一种绘于标准规格的纸板上的绘画作品。用墨水、彩色铅笔、粉笔、羽毛笔、木炭棒、红粉笔绘制。

殿的院长,一个从小就与他相识的强壮的小伙子。尼古拉斯·比基里尼不仅仅管理着一座教堂,还有一个图书馆,一所学校和一家医院。他给米开朗琪罗创造了绝佳的机会,让他可以充实自己的古代文艺知识。但最重要的是,他使米开朗琪罗能够弥补自己非常不足的知识领域:解剖学。

在当时,和我们预想的相反,尽管解剖无人认领的尸体(流浪汉、犯人)是医生的特权,却并没有被教会禁止。但对于尸体的"玷污",也就是将其掘出的做法,是被禁止的,并会被判处死刑。那米开朗琪罗是如何说服这位院长,拿到佛罗伦萨圣神大殿医院停尸房钥匙的呢?

想象一下,他掀起床单,摇摇晃晃地走在花朵的腐烂气息中。在蜡烛摇曳的微光下,他艰难地辨识着死者的脸,将尸体视为一个带着变质肉类的颜色的冰冷静物。他战胜了心中一种神圣不可侵犯的畏惧,用屠夫刀切开了自己的同类。这皮肤是多么坚硬!瞧啊,血液已经不流动了?黄色的脂肪层下,露出一种深红,甚至有些发黑的肌肉纤维,让人想到塞蒂尼亚诺的鹅肉。而在这下面,迷宫般的肠子出现了,让人感到那样不真实。

白天,米开朗琪罗去工作室画画;晚上,他就钻进佛罗伦萨圣神大殿。他用裁缝剪取出心脏或者大脑,用解剖刀研究骨骼。结束后他如同洒圣水仪式一般尽可能地用喷泉水淋湿清洗自己,然后再全身冰冷地钻回和他弟弟博纳罗多一起睡的床上,鼻子里似乎还充斥着死亡的气息。就连与一个绞死者或者一个被刺杀身亡的年轻人关在同一个封闭空间里的这种常人难以忍受的经历,都不能阻止他对于死亡的探索,就好像他在切割肉体时可以使这些陌生人都复活。他怀揣着赋予石头以生命的憧憬,强忍作呕之感,虽然双手因精疲力竭而不住地颤抖,却依然坚持着。

顺带一提:佛罗伦萨圣神大殿医院只接受男性。这也就解释了为什么在米开朗琪罗作品中的女性形象都带有阳刚气概(如他创作的女预言家们)。他的《哀悼基督》中的圣母只露出了细腻的双手和端庄的面容,而身形只是被大衣的皱褶简单勾勒出来。

米开朗琪罗不知是不是为了感谢院长,才做出了那个现在还在圣神大殿修道院里的彩木耶稣受难像。专家们基本上是反对传记里的这个记载的。但这个受难像的表现之温和、雕刻之精细,的确和当时这个佛罗伦萨天才的 terribilità① 完全不同。

毫无疑问的一点是:解剖活动因一个意想不到的情况被迫中止了。1493 年冬天,由于染上当时肆虐的鼠疫,基尔兰达约去世了。米开朗琪罗再没有任何的经济收入了!

*

米开朗琪罗无疑是非常幸运的:1494 年 1 月,他受到幼稚的皮耶罗·德·美第奇召见,要求他在皇宫庭院中堆一个独一无二的雪人,一个体型巨大、让人见之难忘的雪人。连雨水和晴天都仿佛屈服于小美第奇的权威,连雪人的服装都被堆出来了,引得全意大利的人都想去观

---

① 一个不可翻译的单词,在文艺复兴时期经常使用:含义包括"活力""狂怒""一种神圣的恐惧心态""神授之灵感"……

赏。这是向这种全民的欢乐致敬,更是向这个可以胜过世上所有雪人的建造工艺致敬!

尽管作为艺术家的骄傲受到了伤害,米开朗琪罗还是接受了这个几乎是要挟的要求:做出这个巨大的雪人,作为交换,皮耶罗承诺重新给予他在洛伦佐在世时所享有的特权。并且皮耶罗遵守了这个约定。

这期间,由于拥有了大量的解剖学知识,米开朗琪罗在主教堂的工地上(由主教堂工程委员会管理,直属于市政议会)买进了一个大理石圆柱。这个柱子就比它隔壁的那块"杜乔之石"(这块石头被阿戈斯蒂诺·迪·杜乔损坏,后用于雕刻《大卫》)稍矮一点点。这块巨大的大理石是冒着把牵绳拉断的风险被牛车拉回来的,牵绳被拉得如此紧绷,以至于石头掉下来时石匠们差点被砸死。最终,这块大理石在圣马可花园的深处被卸了下来。

说起米开朗琪罗用这块大理石完成的第一个圆雕作品——《赫拉克勒斯》,我们就不能不提到法国枫丹白露宫殿花园。这座巨大的赫拉克勒斯雕像的命运充满了传奇色彩。这个展现了完成"十二伟业"的王子英姿的雕像,是用来象征几乎可以说是天神的洛伦佐·德·美第奇。它先被卖给了法国贵族菲利普·斯特罗奇,后来又被送给了法国国王弗朗索瓦一世。直到18世纪被毁之前,它一直都是立于枫丹白露花园中心的一个谜团。

从洛伦佐时代末期开始,佛罗伦萨就面临着一个危机。1494年,法国年轻又雄心勃勃的国王查理八世,以所谓的拥有称王那不勒斯的权力的名义,集结了两万兵力。诚然,他的军队虽可与恺撒的军队相媲美,却依然惨败。但怎么解释他却在米兰被统治者卢多维科·斯福尔扎热情招待了呢？其实，米兰统治者是将查理八世当作救命恩人来接待的：1492年，愚蠢的皮耶罗·德·美第奇和那不勒斯的费迪南国王签订了一个瓜分米兰的秘密协定！

此时的局势已经近乎荒唐了：查理八世两次敦促皮耶罗·德·美第奇给他让出一条通往那不勒斯的路径；皮耶罗甚至都没想过要集结起常规军或雇佣军，就毫无准备地赶走了法国国王的使者。

洛伦佐在世时，查理八世从未贸然穿过托斯卡纳地区。伟大的洛伦佐是他的朋友，而且他可以依靠米兰、帕多瓦、热那亚、费拉尔……但由于采取了草莽的策略，皮耶罗失去了他的盟友们。威尼斯推脱说自己保持中立，罗马拒绝派出军队。甚至在佛罗伦萨，人们都欢迎步步逼近的法国军队赶走这个不中用的美第奇后裔。人们只要听从道明会修士萨伏那洛拉的预言就够了。

1491年，萨伏那洛拉被任命为圣马可修道院的院长。自从皮耶罗·德·美第奇当选君主以来，他的布道就仿佛成了末世启示录：反对教会的腐败（教宗亚历山大六世于1492年当选）；反对金融巨擘的寡头垄断，认为他们骗取了民众的信任且道德败坏……他惊人的强烈说词吸引了大量的追随者，从目不识丁的工人到哲学家皮科·德拉·米兰多拉，从画家波提切利到米开朗琪罗那个自认为是道明会修士，实则极其平凡的哥哥利奥纳多。

半个世纪后，米开朗琪罗向康迪维保证说他还能听到萨伏那洛拉"冰冷的"声音，这声音像惊雷一样穿过这个修道士单薄的身体。而且一想到他深陷入眼眶如同两团黑色火焰的双眼，就不住地发抖。这个道明会的修士给佛罗伦萨留下了诅咒，并且它的预言都实现了：洛伦

佐·德·美第奇的去世,以及 1494 年法国入侵带来的
"上天的惩罚"!

*

10 月中旬,查理八世的军队入侵意大利北部地区,在
萨尔扎纳的佛罗伦萨堡垒前驻扎下来。在托斯卡纳前
线,已经有许多军事防线被攻陷了。11 月初,皮耶罗来到
扎营地,意图进行谈判……谈判内容是,如果敌军可以
"放过佛罗伦萨"绕道而行,皮耶罗就准许其进入到沿海
的军事要地里窝那和比萨,并付给对方两百个弗罗林
金币。

当皮耶罗回来时,皇家议会敲响了市政议会的大钟,
仿佛是一种哀悼。同时他们公开地指责皮耶罗"怯懦软
弱、荒谬疯狂、愚不可及且自认投降"。于是一个包括萨
伏那洛拉在内的使者团(毫无敌意)被议会派去见查理八
世,而皮耶罗却从该使者团名单上被除名。他十分恼火,
在一片嘲骂声中重新回到了佛罗伦萨。

"美第奇家族下台!四千个杜卡托金币换皮耶罗的
脑袋!"

人群向他扔石块。他在疯狂的民众涌入宫殿之前,
从花园逃跑了,并在圣迦尔门与一支雇佣军队伍会合。
疯狂的人群在宫殿里把油画和帷幔撕得粉碎,为了争夺
金银珠宝大打出手,他们要么坐在散落一地的珍贵书籍
上,要么坐在砸烂的家具上,打碎酒瓶,喝光了所有的佳
酿……皮耶罗·德·美第奇知道自己死到临头了,于是
再也没有踏上过佛罗伦萨的土地。

这场在美第奇王宫进行的劫掠因为出乎意料的一幕提前画上了句号:在不断迸发的金币雨中,在各种骂骂咧咧的声音里,巨大的朱迪思和荷罗孚尼①雕像被几千只手臂举起,在激昂的人海上传递着,从洛伦佐大帝的窗口一直运到了领主广场才放下。这座雕像被奇迹般地保存下来,向全世界展现了其血色的寓意:人民推翻暴政的胜利。

当查理八世兵临城下时,佛罗伦萨人无计可施,只得沉着迎战。这场战役仿佛是一场噩梦,或者说是一场清醒的梦境。面对军事实力强大得难以想象的法军,佛罗伦萨人已然精疲力竭。于是,自保的天性战胜了羞愧之心,佛罗伦萨人在一片欢呼声中迎接了敌军战胜者的队伍。

而我们的雕塑大师并没有预料到法军的到来。他担心自己与美第奇家族的亲密关系受人诟病,也因为一个曾见到穿着丧服的洛伦佐显形的宫廷乐师而恐慌。洛伦佐显形后要求他提防自己的儿子(后者让自己的侍从当众鞭打了那名乐师,还大喊着:"如果他需要显形,那也应该是向我,而不是向你!")。于是趁着黑夜,他套上了宫廷马厩里的三匹马,和两个基尔兰达约工作室的朋友一起逃离了佛罗伦萨。穿过亚平宁山脉,他到达了中立国威尼斯。但因为在那里找不到工作,他又调转头前往"有两百座炮楼的博洛尼亚"。炮楼间坚固的防御城墙,以及家家户户之间足有两层楼高的炮楼,都给米开朗琪罗留下了深刻的印象。密密麻麻的炮楼似乎使小巷里的空气

---

① 译者注:荷罗孚尼是亚述人的将军,被《圣经》中的女将军朱迪思杀害。

都变得稀薄,以至于当人们走到中心大广场时都要长舒一口气……他被博洛尼亚的警察拦下了:

"你们的大拇指!"

"怎么了?"

米开朗琪罗和他的朋友们最后明白了:最近颁布了一条法令,所有进入到城池里的外地人都要在大拇指的指甲上盖上一个红色蜡章。

"不盖的话,要么交五十磅博洛尼亚金币,要么就进监狱。"

"但是我们的口袋空空!我们是来找工作的!"

米开朗琪罗绝对是被命运选中的幸运儿:让·富朗索瓦·阿尔多弗兰地,洛伦佐大帝的一位贵族朋友,此时前来帮忙了。他只做了一个手势,就赶走了警官们。他带着亲切的笑容走到这群年轻人的身边。他认出了米开朗琪罗,这个受到洛伦佐的庇护、常常出入美第奇宫廷的年轻人。于是他收留了米开朗琪罗一整年。

*

阿尔多弗兰地只有四十岁,但他在银行中的存款已经足够专门投资艺术或者资助年轻的艺术家了。他不费吹灰之力就为米开朗琪罗拿到了博洛尼亚市政议会的一个重要订单:圣多米尼克墓的三座人物雕像(置于同名教堂中)。这份工作原本应该由尼克洛·德拉尔卡(又名尼克洛·德巴里)完成,但尚未完工他就病重不起了。

这位道明会的创建者的墓对博洛尼亚人来说是一个极有象征意义的建筑,也是他们眼中一场最为疯狂的巨额花销。但阿尔多弗兰地深知国防建设离不开市政议会的经济支持,于是决定以一己之力为国家提供产于意大利卡拉拉地区的大理石,并为运送这些原料穿过亚平宁山脉到博洛尼亚的开销买单。于是米开朗琪罗拥有了尼克洛·德拉尔卡的工作室,包括他的工作台、工具、蜡模……

每天晚上,阿尔多弗兰地都让他的客人为他高声朗读一篇他亲自挑选的作者的文章,就像美第奇王宫里的习惯一样:阿尔多弗兰地穿着衬衫合眼躺在他锦缎装潢的卧室中。如果不是那些灰白的头发,只看他带着微笑的放松神态,我们还以为他才刚刚三十岁出头呢。

米开朗琪罗感觉这是在完成一种神圣的仪式。他立着,克制住自己的情绪,缓缓地将但丁的《神曲》或彼得拉克的诗集举到眼前,然后随意地翻书页。他是迷信的,而且并不想打乱事物的规律。他读诗时对格律的划分非常出色,洛伦佐也曾经慈爱地告诉过他这件事……轻微的鼾声响起:阿尔多弗兰地进入了梦乡。这个年轻人就可以回到自己的房间了。

几周后,米开朗琪罗通过阿尔多弗兰地得知了波利齐亚诺和皮科·德拉·米兰多拉的死讯。波利齐亚诺晚年成了道明会的信徒,死后根据其遗愿埋葬在了圣马可大教堂。皮科则是躲藏在圣马可的一个单人小屋中,并在那里咽了气。在下葬时他身着道明会的服饰。人们都窃窃私语道,萨伏那洛拉一定是给他下了毒。①

---

① 三年后,宗教法庭在萨伏那洛拉的授意下对皮科的秘书卡萨尔马焦雷进行调查。后者按照法庭的口授写下自己听从美第奇家族的命令毒害了自己的上司。

　　我们的雕塑大师陷入了深切的悲痛之中。当眼泪不断从眼眶涌出时,又怎么能专心于榔头和凿子呢?但他必须完成尼克洛·德拉尔卡生前未完成的最后作品——圣普洛克斯的小雕像,并雕刻出圣佩特洛尼乌斯(博洛尼亚的守护圣者)雕像和一座烛台天使。

　　每天晚上,在完成了阅读仪式之后,他就开始绘制草图,可不一会儿就恼火地把草稿揉成一团。天使的形象让他绞尽了脑汁:一个服务于上帝的灵魂应该是什么样子的?米开朗琪罗仍然没有忘掉他在圣神大殿医院中获得的知识!肉体是重要的,在柏拉图的理论中,它是灵魂的"前厅"。

　　天使雕像高五十多厘米,和其他的雕塑相同。他的身体以一个膀大腰圆的农民为原型,但却长着一副希腊放牧人的面容。按照惯例,他还有一双翅膀。但他身上的翅膀看起来却像是从别处借来安插上的:是一对鸳鸟的翅膀。

　　为什么要这样?米开朗琪罗一生都在给后世留下没有答案的谜题。他不喜欢翅膀:对于家禽来说,这是个不错的器官;但不配放在一个要接近上帝的身躯上!烛台天使已经是人类和造物主之间的中间状态,和传统的天使毫无相通之处。他是"人上之人"(不死之身,但绝对脆弱)的形象的雏形。西斯廷大教堂穹顶上的裸体青年[①]将会真正展现这一形象。

　　烛台天使好像在蜡中已经成型,他以其光晕展现了

---

　　① 西斯廷教堂穹顶壁画中,在《圣经》系列故事的角落坐在柱座上的青年形象。他们的俊美展现了赤裸的灵魂的纯洁性。他们的各种姿态展现出了人类的各类情态:好奇、担忧、痛苦、愉悦和惊讶。

代表人类命运的神圣空间。雕塑家手中的凿子极度温柔地工作着，好像他令人畏惧的坏脾气已经完全被这座雕像的优美与温柔驯服了。这座天使流露出宛如 13 世纪的皮萨诺雕塑作品的柔情，装点着这座墓穴中最古老的部分。仅此一次，米开朗琪罗被征服了。

另外两位圣人是以十分不同的手法雕刻出来的。圣佩特洛尼乌斯雕像悬挂于博洛尼亚圣白托略教堂的大门之上。阿尔多弗兰地曾多少次带着他的客人来到博洛尼亚主广场，向赞叹不已的米开朗琪罗吹嘘这座在文艺复兴初期由雅各布·德拉·奎尔查雕刻的大门……而就在 1400 年，在为制作佛罗伦萨圣若望洗礼堂大门举行的竞赛中，雕刻家吉贝尔蒂在雕刻中展现了一个自尊受伤的巨人精彩的复仇的五个场景，并以此战胜了他。

情景重现般，站在教堂前，米开朗琪罗回忆起曾经和阿尔多弗兰地的对话：

"雅各布，我肯定会和德拉·奎尔查有一样的反应。"他喃喃自语道，"最后，也许……被羞愧压垮。我要是他，我很可能会把自己关起来，不吃饭也不睡觉……忘掉你刚刚听到的话吧，朋友，我常常会处在这种沮丧失意的时刻，我的肩膀上已经背负了我父亲和我弟弟博纳罗多的重担，又何必让你承受我不幸的重负呢？"

和米开朗琪罗一样，雅各布·加利也不是一个习惯感情外露的男人。对这个沉浸在自语中的伙伴，他露出了一个神秘的微笑：

"米开朗琪罗，你知道德拉·奎尔查在雕刻这扇大门的时候，是第一个借鉴了德国雕刻技艺的人吗？那时，我们把这类雕刻内容称为"圣殇"，这是一种多用于木刻的艺术主题,表现圣母玛利亚对耶稣的哀悼。"

"我们的《哀悼基督》没什么可看的!多那太罗的工作室里到处都是,基督总是被一群天使簇拥着。"米开朗琪罗叫嚷道。

他又陷入了沉默中,转过头,被这扇大门牢牢吸引住了。从圣母到孩子的表现方式都让他印象深刻:不需要天使!不知他是不是当时就受到了"圣殇"的启发,勾勒出了四年后他在罗马制作的他的代表作之一《哀悼基督》?

圣多米尼克圣龛雕刻不仅仅体现了北欧雕塑融入了米开朗琪罗的思考后的新特色,还展现了这位青年雕塑家的反叛性格。圣佩特洛尼乌斯是一位高贵的老者,穿着宽大的长袍,向博洛尼亚人民展示着这座城市的模型。在他旁边,圣普洛克斯身着古希腊长裙,面带反抗之色,肌肉强壮有力,让人不禁想起了枫丹白露宫中小一号的同类型雕塑赫拉克勒斯!于是我们又再次想起了西斯廷大教堂,壁画上的先知们的表情与手势都与圣经所描写的完全不同……

米开朗琪罗思乡心切,于1495年末回到了佛罗伦萨。特别是,他无马可骑,而且道路泥泞,狂风大作……无须多想,他的未来依旧是令人担忧的……亚历山大六世教皇慷慨地向查理八世打开了教皇国的大门。于是在教皇的支持下,查理八世派驻军看守已攻占的城池,然后继续向那不勒斯进发。一天晚上,在博洛尼亚,阿尔多弗兰地的朋友们从佛罗伦萨带回了那不勒斯的边境城市蒙特圣乔万尼的消息:无人幸存!连那些士兵也因自己所犯下的屠杀暴行而恐惧。为了从记忆中抹去这段丑恶,他们将这座军事要塞全部烧毁。这一事件令费迪南国王胆战心惊,直接宣布退位。查理八世也毫不犹豫地宣布:立刻称王那不勒斯。

＊

由于被旧同盟军包抄,法军不得不离开了佛罗伦萨。但即使如此,局势依然不明朗。查理八世派出了雇佣军领军①卢多维科·斯福尔扎,但他似乎并没有与另一位雇佣军头领费德里克·贡扎加·德·曼托瓦相抗衡的实力。后者则成了意大利一个真正的传说……但谁知道呢? 意大利仿佛一个被米开朗琪罗的解剖刀切割开后丢在圣神大殿的躯体。这具躯体曾经鲜活呼吸过,它应发誓继续活下去!

可怜的意大利,被各种短暂的联盟军瓜分着、重组着,又成为厚颜无耻的恺撒·波吉亚(亚历山大六世教皇的儿子,教皇国雇佣军首领)和萨伏那洛拉狂热派的理想战利品。米开朗琪罗继续画着,他从未放下过画笔。即使是在书信中,他也在角落处快速描绘下一些场景;即使被马匹带入了泥泞的沼泽时,他也梦想着大教堂的工地上若隐若现的"杜乔之石"……他已经开始在头脑中描绘他的大卫——一个朝气蓬勃的年轻人,让佛罗伦萨重获新生、能量和勇气的象征……

米开朗琪罗始终相信自己的直觉,无论是在 1495 年

---

① 意大利文艺复兴时期的雇佣军领军是退役士兵,往往是贵族,为了挣钱,他们和自己的手下士兵为国家征战。雇佣军领军骁勇善战,这也出于他遵守的光荣守约。这一守约使他不同于其他普通雇佣军。

33

这个夜晚对未来的乐观,还是一年前他逃跑时的那种不祥。于是他独自一人回来了。他一路带着矛盾的心绪,骑马直抵佛罗伦萨城下。他像一个梦游者一样出现,用一种"发自内心的目光"审视着前来欢迎自己的家人。半个世纪后,他的学生达尼埃莱·里恰莱利在为他做的青铜半身像上,也刻画了这种目光。

现在米开朗琪罗来到了领主广场,正和他的朋友格拉纳奇快步走向"博勃拉诺"皇宫。格拉纳奇刚刚向他转达了来自"博勃拉诺"的邀请。那些富有的资助者,如皮耶罗的表兄弟:美第奇家族的罗伦佐和乔瓦尼·德·皮耶尔弗兰切斯科,审慎地选择了"博勃拉诺"这个名字。"博勃拉诺"是模仿人民党的"popolani"一词而来,该党从1494 年的民主大选开始就成为佛罗伦萨的多数党。

此时的佛罗伦萨,不再有悠扬音乐,也不再有欢声笑语。荒凉的大街小巷陷入了死一般的寂静,被压抑的空气笼罩着。格拉纳奇在米开朗琪罗的耳边说道:

"你知道大家都很喜欢起外号:那些人民党人被反对派叫作'爱哭鬼'。因为自从他们的党派被萨伏那洛拉认可了,这些人就开始像道明会的修士一样捶胸顿足、惺惺作态了。"

"那贵族议会呢?阿尔多弗兰地把他们比作威尼斯议会:他们可有上千个议员!"

"有的,米开朗琪罗,但是洛伦佐大帝让我们明白了权力从来不属于政府……现在权力就属于道明会领袖。他没有一个具体的职务,但他就坐在修道院里管理着人民,就像当年洛伦佐坐在宫廷里统治天下。"

*

　　"博勃拉诺"的欢迎仪式暗示着：米开朗琪罗虽然只有二十岁左右，却早已名声大噪。这个年轻人被格拉纳奇带到了富丽堂皇的宫殿中，大殿两侧墙上挂着曾属于洛伦佐①的画作。他被两个穿着锦衣华服却貌似屠夫的陌生人灌了许多上等的红酒，还硬塞进许多佳肴。在半醉半醒间，他听到有人要求他做一个施洗者约翰的雕像献给萨伏那洛拉。

　　这个作品经瓦萨里证实，已经遗失了。但米开朗琪罗还将为招待他的主人们雕刻一座《沉睡的丘比特》，他大大咧咧地对头脑昏涨的罗伦佐建议说：

　　"如果你把它埋起来，再把它用一些手法做旧，它一定会被当作一个古雕像。你把它运到罗马去卖，一定比在这儿卖赚得多得多！"

　　我们都知道米开朗琪罗有仿制古董的天赋。一个名叫巴达萨·米拉奈斯的旧货商后来就把这座《丘比特》"挖掘"出来，带到了罗马，以两百个杜卡托金币的价格卖给了教宗西施德四世的侄子，枢机主教利拉奥，还得到了一大笔佣金。但这位枢机主教很快就开始怀疑这座雕像的真实性。他猜测，这个雕像如此精美，一定是出自佛罗伦萨人之手。故事的后续就像那些带有传奇色彩的传说一样：

　　利拉奥发誓要找到制作这个雕像的艺术家，并把他

---

　　①　洛伦佐的收藏之前被拍卖，他们又将其中很大一部分买回。

带到罗马来。于是他派了一个密使到佛罗伦萨，假称是要寻找一个雕塑家来完成罗马的一个重要的工程。

这位名叫里奥·巴利奥尼的侍从参观了一些工作室，引起了佛罗伦萨一些小手艺人的争抢吵嚷。贝尔托尔多和基尔兰达约都已去世。暴躁的托里贾尼被佛罗伦萨主流排斥，留在了罗马为波吉亚家族工作。至于雕塑家忠实的朋友格拉纳奇，由于被怀疑进行了诈骗，他就逃往了另一位朋友家躲了几个星期……

"去米开朗琪罗家看看吧。"大教堂工程委员会的一位成员建议道。

巴利奥尼找到这位年轻人时，他正在和他的弟弟博纳罗多聊天。这位年轻人白天走遍了全城，哪怕最不起眼的过路人都会成为他的"动态模特"。当他回来时，口袋里已经塞满了完成的画作。

"我在寻找一位雕塑家来完成罗马的一位伟人的雕塑。那些贵族们向我大力夸赞了你的才华。你有没有什么东西可以向我展示的？"

米开朗琪罗没有回答，用右手拿着一支笔画出了他的左手。他画得是那样流畅，让这位侍从目瞪口呆。接着，他又把笔换到了左手中，并且画出了他的右手。他盯着来访者，像是一个优秀的小学生等待着评分。

"你不会刚好也是个雕塑家吧？"

"我可以的，我最近刚雕了一座丘比特……"米开朗琪罗谦虚地回答。

然后米开朗琪罗自己非常传神地模仿了一下那座丘比特的姿势，简单说明了一下雕塑只有这么高，只有这么厚……

这位侍从中止了谈话,他已经听到了自己想知道的内容。

就这样,故事转为了那位旧货商的尴尬和这位雕塑家的荣耀。这座丘比特雕像,1502 年被恺撒·波吉亚卖给了伊莎贝拉·埃斯特,1631 年又被英国国王查理一世买下。后来在拍卖王室财产的过程中遗失。但在这场酒后的捉迷藏游戏中,这位"伪造者"在后来的至少一年间成了枢机主教利拉奥的座上客。

于是米开朗琪罗来到了罗马,他在书信中把这座城市比作"一堆垃圾"。一年前,台伯河泛滥了,在短短一个星期内,所有及时意识到这个情况的人都逃到了山上避难。当他们再回来时,发现城市散发着腐臭的气息,大量的居民因为瘟疫而死亡。

在路面都开裂翻起的小巷里,有篷小车的轮子发出了巨大的声响,以至于人们只能大声喊着说话才能互相听清:

"看着点!"巴利奥尼喊道。

一群衣衫褴褛的人们为了抢到石头,推倒了宫殿的城墙。在废墟的旁边,摊铺散发着恶臭。在远一点的地方,一座希腊神庙变成了牛棚和鸡舍。

"那不是庞贝剧院吗?"米开朗琪罗把手放在嘴边作为扬声器,大声喊道。

"是。现在它已经成为难民营了。"

然后巴利奥尼讲起了那些从欧洲各地前来的朝拜者的悲惨境遇。盗贼们把他们洗劫一空后丢在半路上等死。他们艰难地走到了肮脏的小旅馆里,发现那里各种传染病肆虐。最后他们掏出仅剩的几个杜卡托金币,在教堂里安顿下来。

"啊,对,米开朗琪罗!西施德四世教皇主持开始了一项翻新工程。但在波吉亚家族的统治下,罗马现在陷入了比历史学家布拉乔利尼五十年前描写得还糟糕的境地:'公共建筑和私人建筑都像巨人的肢体一样倒在路上,坍塌的楼体裸露着。罗马现在是一具腐烂的尸体。'"

*

这两位骑马人到达了鲜花广场,这里的市场都支起了颜色鲜艳的摊位,仿佛是对灾难发起的挑战。家庭主妇们在讨价还价,人们互相打趣、开玩笑……枢机主教利拉奥的豪华宫殿坐落在一个更高一点的地方,在一个名为"菲亚美达"的小广场旁。这个广场是为了纪念年轻的恺撒·波吉亚的女教师而修建的。

米开朗琪罗十分了解枢机主教利拉奥的过去,并因此心生敬畏:年仅十八岁的他就已经成了大主教,还是洛伦佐·德·美第奇的座上宾。1478年朱利安·德·美第奇在大教堂里遇刺身亡那天,他正在主持弥撒仪式。虽然洛伦佐把所有反叛者都挂在宫殿的窗户上示众,但他也有足够成熟的外交智慧,因此对年轻的利拉奥的同谋行为佯装不知。这也是利拉奥现在对美第奇家族抱有无限的感恩的原因。因为深知那些"博勃拉诺"宫殿里的人和美第奇家族之间的纠葛,他恶狠狠地盯着这封来自"博勃拉诺"的推荐信。

《沉睡的丘比特》已经被遗忘了。这位大主教已经记不太清他为什么要让米开朗琪罗来到罗马。他的手下巴利奥尼则带这位雕刻家领略了这座城市的荣光：多米提安拱门、图拉真柱和马克·奥勒留青铜像。

他让米开朗琪罗在特拉斯提弗列区的工地里挑了一块等人高的卡拉拉大理石，他还给米开朗琪罗找了一个落脚点来工作……为了什么而工作呢？

虽然被巴利奥尼供养着，但是米开朗琪罗并不知道他是否会被雇佣，他开始明白自己在宫廷里只是一个服从主人指令的普通佣人。为了打发等待的时间，他开始在罗马城里闲逛。他不再观察"动态模特"，而是去研究德拉罗韦雷花园中的古文物①。这座德拉罗韦雷花园正是因其独一无二的大理石雕塑收藏闻名意大利。

一天，他十分凑巧地遇上了童年时的一位朋友，巴勒多西。这位朋友现在在一位名叫雅各布·加利的银行家的银行中工作。巴勒多西把他介绍到了罗马的佛罗伦萨社团。这个社团坐落于运河街的佛罗伦萨银行附近，就在梵蒂冈的银行"教廷财务院"旁边。这个街区干净整洁、养护得当，绝对看不到有衣物挂在窗口……只要品读一下罗马的格言就可以了：Senatus Populus Que Romanus，拉丁语翻译成意大利语为"Sono Porci, Questi Romani"（罗马人，就像猪猡一样！）。

于是米开朗琪罗就和里奥·巴利奥尼及巴勒多西的朋友们（其中包括银行家鲁切拉伊，他将很快证明自己的友谊）交往同游，以打发自己的时间。枢机主教利拉奥最后终于要求他雕一座《酒神》。但这座雕像后来就被他打入了冷宫，和他叔叔的那些异教古董丢在了一起。

---

① 西施德四世教皇的私人收藏。

　　然而,计划很快被打破了:卢克雷齐娅·波吉亚的丈夫声称卢克雷齐娅和他的兄长(恺撒·波吉亚)有奸情,这位兄长因此打算杀掉他,于是就从罗马逃走了;同时,渔民们在台伯河中打捞到了乔瓦尼·波吉亚的尸体,尸体上有许多刀伤。于是教皇手下的警察挨家挨户搜查,严刑拷打、逼问,人们开始怀疑起那些罗马贵族……直到亚历山大六世,像众人所传的那样,承认了是自己的另外一个儿子(也就是恺撒·波吉亚)杀死了他的兄弟,因为恺撒觉得乔瓦尼已经危及自己的地位。

　　利拉奥和教皇一起主持了丧礼,而米开朗琪罗当然就又被晾在一边。米开朗琪罗把自己剩余的最后几个金币也给了他那个信道明会的哥哥利奥纳多,作为他回佛罗伦萨的路费。而这个做修士的哥哥当时负责在维泰博的一个修道院里"立规矩",结果差点像乔瓦尼·波吉亚一样葬送了自己的性命!

　　1497 年对米开朗琪罗来说是艰难的一年。他深爱的继母卢克雷齐娅突然离世;他的父亲负债累累,面临要坐牢的境地;他的兄弟们也一直不断地向他伸手要钱。在 7月 1 日的一封写给父亲的信中,米开朗琪罗说自己正在给利拉奥做一个无报酬的工程。然而,他在结尾依然骄傲地说:"我将把你们需要的所有东西都寄给你们,哪怕为此我要卖身为奴。"

＊

　　命运之神再一次向米开朗琪罗露出了微笑。这次是依靠那位在佛罗伦萨银行家之间周旋的朋友巴勒多西:

40

保罗·鲁切拉伊,他为米开朗琪罗提供了一笔二十五个弗罗林金币的私人贷款(不收利息),然后雅各布·加利此时也出现,向他定下了那座利拉奥已经鲜少提起的《酒神》。不管怎样,枢机主教利拉奥还是让他拉走了在特拉斯提弗列买的大理石。在靠近加利官邸的一个仓库里,他开始了雕刻。雅各布给了他一大笔预付款(但在还了鲁切拉伊的贷款并解决了父亲的危机后,就所剩无几了),还给了他一个房间。他向米开朗琪罗承诺在作品完成后支付给他三百个杜卡托金币。

雅各布·加利和他的客人之间迅速建立起了深厚的友谊。这份友谊也使米开朗琪罗在罗马多住了四年。

在罗马有一座参照佛罗伦萨的柏拉图学院建起的学院,雅各布在年轻时曾经是该学院的成员。然而在这里,这个群体被视作异端。他的老师乔瓦尼·卡博西尽管受到富足的圣塞韦里诺家族的庇护,却依然没能逃脱宗教法庭的折磨和拷打。

他们的对话总是围绕着教会的腐败开展的:

"那些金子!这群长着人脸的畜生恐怕都要被他们的王冠和镶满了珠宝的长袍压死了吧……那么多金子!我说的是波吉亚家族的那群人,米开朗琪罗。说什么为了提高卫生条件、缓解营养不良,见鬼去吧……就是因为有这些烧杀抢掠的强盗,百姓才更加悲惨……"

雅各布·加利此时仿佛变身成了一个预言家。他弯下腰,仿佛一个巨人看着一个小孩子,用一种清澈的目光望向米开朗琪罗。这种目光在这位艺术家的心头久久萦绕。他嘴唇轻启,提出了两个问题:憎恶能否滋养灵感?憎恨难道不会玷污了这块如此纯净洁白,即将雕刻出生命的大理石吗？

晚上，米开朗琪罗为了驱赶心头的不安与痛苦，开始写作：

> 这里圣杯被铸成盏与剑，
>
> 基督的鲜血被按斤两出售；
>
> 他的十字架和荆棘冠被铸成矛与盾；
>
> 但基督却始终忍耐……
>
> 罗马宫廷还会将他皮肤剥下出售，
>
> 这里，通往美德之路已被堵死。[3]

白天，他依照模特直接描画出一个还比较年轻的男人（人们都认为这个形象就是吉那佐伯爵。据说，加利在一场酒会结束时偷偷告诉他，他可以凭酒神的形象流芳百世。于是他就接受了为米开朗琪罗摆造型）。这个男人大腹便便，肌肉松弛，在他举起的酒杯前毫无抵抗力。他的另一只手抓着一张虎皮，一个小萨提尔靠在虎皮上，脸上洋溢着品尝到葡萄的愉悦。在这个小神灵的羊蹄间生着一张狡黠的面孔，让人们想到酒神的未来：虚无。

康迪维在他的《米开朗琪罗的一生》一书中，提到《酒神》这座雕塑时强调，这座雕塑是一种仿古的艺术，完全遵循了古代流传的文章中对于这位异教神灵的描写，"愉快的面庞，赤红淫乱的双眼"……这是位酗酒的天神！

瓦萨里则指出了这个形象的雌雄同体："在这座雕像中，米开朗琪罗试图达到一种两性的结合，既给了他年轻男人的健壮苗条，又给了他女性形象的丰满肉感。"这让后人推测这位雕塑家是否是同性恋，并联想到在他后期作品中明显表现出的恋童癖倾向①。

这座等人高的《酒神》雕塑让大众惊愕:这绝不仅是对古代艺术品的仿造!年仅二十一岁的米开朗琪罗已经有赋予石头生命的高超水平。这座雕像刻画的是一位被最低级的本能所奴役的生命,他跟随着一匹被柏拉图学派套车拉着的老马(即身体),而不是一匹可以展现其高贵精神的良驹。《酒神》是一座嘲弄灵魂的出格之作(就像古希腊的《傲慢》)。他身躯倾斜的角度让我们不由自主地绕着他欣赏。看着他,我们便想到了柏拉图的《会饮篇》,进而又联想到了柏拉图学院中关于"灵魂的坟墓"和"肉体的囚禁"的争论。这个问题是矛盾的:一方面,灵魂应该从肉体中解脱出来,以保证思想的纯洁性(在感性世界之上的理想化的真理),但对于美好肉体的歌颂也是这一升华过程中必不可少的一步。

米开朗琪罗将自己的艺术视为近乎疯狂虐待的诅咒。他被美好的肉体吸引,注定要去描绘那些表现灵魂,也永恒脱离灵魂的身体。他相信自己已被诅咒,于是他自我惩罚。

他年少时写的信表明了他的父亲沉浸在长期的恐惧中:"您不要焦虑不安,"米开朗琪罗写道,"您若是生活在这样的烦忧中会让我感到难过。""您不要害怕……"

1521年,米开朗琪罗不得不承认洛多维科的确被疯狂的自虐折磨着:"亲爱的父亲,昨天没有在家里找到您,这让我感到很吃惊;(……)您怎么能总是去那些我不让您去的地方呢?"

---

① 在近些年以前,他的传记作者都羞于谈及此事。但由于米开朗琪罗销毁了一大批信件和诗集,我们也只能将此归于猜测。

　　这种精神上的自我折磨难道不是遗传吗？"我没有一分钱，我是赤裸裸的……我生活在悲惨之中……我在和悲惨斗争"，米开朗琪罗不断重复着，好像对自己说的话深信不疑，而他并不比朱塞佩·威尔第①更悲惨。他和朱塞佩一样，买了地，在临终时留下了六处房产和七块地产……他是个守财奴？不是的。他不计其数地慷慨解囊：给无耻地向他索取的父亲和兄弟们，给他的管家乌尔比诺，给他的侄子莱昂纳多……

　　直到临终，他都始终拒绝拥有一些生活必需品，仿佛是对自己的一种正义的惩罚。他的这种态度与一些艺术家的想法不谋而合，他们接受非人的工作重负，夜以继日地工作，仿佛是对自己的惩罚。罗曼·罗兰将这种毁灭性的活动比作一种迷乱的怪癖，用以抵抗致命的消沉。在这样一种潜藏在他体内的偏执症的影响下，他在1515年写给弟弟博纳罗多的信中，说出了那句名言："不要相信任何人，睁着眼睛睡觉。"

　　这是一个有趣的研究领域，但因为这一理论试图将天才理解成疯子，所以成果有限。然而这个理论被米开朗琪罗的父亲毫不避讳地直接说了出来："最重要的是，治治你的脑子……"他在1500年12月这样给他的儿子写道。那种只能由工作来填补的空虚感，在米开朗琪罗身上格外明显。对于这个近些年只能依靠迷幻的信仰来医治的人来说，他提前见证了波德莱尔《信天翁》中的绝

---

　　①　译者注：朱塞佩·威尔第（Giuseppe Verdi, 1813－1901），意大利作曲家，主要代表作品有歌剧《茶花女》《弄臣》《奥赛罗》等。

望和尼古拉斯·德·斯塔埃尔①或罗斯科②的自杀情绪。

＊

现在让我们来看看圣彼得大教堂中的《哀悼基督》雕像。这座雕像让米开朗琪罗声名大噪,成为与列奥纳多·达·芬奇齐名的艺术大家。

一天,雅各布·加利把米开朗琪罗介绍给他的朋友,圣丹尼斯的枢机主教让·格罗莱·维利耶。这位枢机主教想在罗马圣彼得大教堂的法国国王礼拜堂中为子孙后代留下一座雕像,来见证他作为法国大使给梵蒂冈立下的功劳。从1497年末,他就写信给米开朗琪罗,要求他找一块卡拉拉大理石来制作一座哀悼基督像。1498年8月27日,雅各布·加利和这位刚刚年满二十三岁的雕刻家签订了协议,明确了《哀悼基督》这座雕像的要求。我们前面也提到过,这一主题在北欧雕塑中比较常见,但在意大利还是很少见的,除非是在画作中。

于是就在西斯廷大街上一个简陋的住所中,米开朗琪罗获得了必需的孤独和安静。屋里只有一个十三岁的年轻学徒帮他打下手,做家务活。这个名叫阿吉托小男孩长相丑陋但十分聪明,从佛罗伦萨勇敢地徒步来到罗马,只为面见"大师"。雕塑的雏形渐渐显露出来。对于米开朗琪罗来说,圣母必须是年轻的。他认为,一个上年

---

① 译者注:尼古拉斯·德·斯塔埃尔(Nicolas de Stael,1914－1955),俄裔法国画家,抽象表现主义画家。于1955年在昂蒂布跳楼自杀。

② 译者注:马克·罗斯科(Mark Rothko,1903－1970),俄裔美国抽象派画家。受抑郁症折磨,于1970年在纽约割腕自杀。

纪的男人可以风采依旧,但女人就不行了。而且,对于新柏拉图学派的信奉者来说,高贵的灵魂必须配以美丽的外表……

所以圣母玛利亚看起来还不到二十岁。他的儿子则是三十多岁,骨骼结实。为了抱起他,她必须拥有那种基督在十字架上丧失的力量,这完全是难以想象的:《哀悼基督》中的这对两性体形象,仿佛一道曙光,是对神学家们赤裸裸的挑战。幸运的是,1499 年 8 月,在作品完成的前几个月,格罗莱枢机主教就去世了。

1499 年 8 月——这是合同要求的交付时间。为了在规定时间内完成作品,米开朗琪罗每天要工作二十多个小时。晚上,他就戴上一顶他自创的纸帽子:这是一种坚固的大盖帽,可以支撑用铁丝固定的蜡烛。连续几周,他都在不断打磨着这块大理石,把它变成一块浮石。他用尽了精力,仿佛自己也变成了一块石头。

想象一下,这个雕塑像一个保险箱一样被布盖着,被人们抬着,沿着三十五级台阶一直被运到教堂的门口。再想象一下,一群雕刻师缓缓地打开了包裹,露出一个比任何真人都更美、更真实的女性,以及一个和他们体貌相似的男性。这个男人沉睡在她的臂弯中,他的创伤几乎难以发觉……

全意大利的人们都赶来欣赏这座白色锥形大理石上的双人像。人们震惊地发现,这座雕像既没有体现波提切利的两座《哀悼基督》①中的那种巨大的悲痛,也没有展现佩鲁吉诺的《哀悼基督》②中的那种宁静与平和安息。

① 分别收藏于慕尼黑的老绘画陈列馆和米兰的波尔迪·佩佐利美术馆。
② 现藏于佛罗伦萨的乌菲齐美术馆。

最伟大的艺术作品也不及米开朗琪罗赋予这幅画的风采。基督流畅的身体线条、在母亲怀中展现的从容、解剖般的精细共同展现了一种静止的活力。这一切都让人觉得眼前的是真实的肌肉，而不是石头。

但米开朗琪罗在这个双人像的创作中也受到了他人思想的影响。如文艺复兴早期思想中对美的至关重要的定义（15世纪文艺复兴），德拉·奎尔查强调的衣服褶皱的重要性，还有就是达·芬奇对于人物之间关系的要求。要像破解一种需要破译的语言一样去理解这个作品：圣母膝盖处厚重的衣服褶皱象征着祭坛。这是上帝给予人类的向死而生的密码，就如同但丁在《天堂篇》第三十三章中写的那样：

> 贞洁的圣母，你是你子之女，
> 你最卑微也最崇高，超过任何的生物，
> 你是永恒天意的固定不移的目标，
> 你使人类的天性变得如此高贵，
> 甚至连那创造人类的上帝
> 也愿意成为他自己的创造物。[4]

为了描绘难以想象的天神，米开朗琪罗运用了一种逻辑不通的手法：圣母站立着，高度超过两米；而基督则明显矮一些。然而，他们两个的头部尺寸是相同的。这位庄严的女性面容精致柔和，完全没有北欧的《哀悼基督》（这种雕塑主要是刻在坟墓之上）中的那种惊骇之情。仅这一次，米开朗琪罗产生了一种希望达到永恒纯洁的感情。他对朋友瓦萨里说："……如果一些蠢货还说……这个圣母外表太过年轻，那就是他们不知道或没发现纯洁的人们是可以一直保持纯真的面容的，而那些经受了巨大痛苦的人则会有完全相反的精神状态，就像基督表现的那样。"

这座《哀悼基督》被放置于法国国王礼拜堂中枢机主教的坟墓之上。后来随着老教堂的拆除而被移走。至今它还被保存在由米开朗琪罗设计的圣彼得大教堂中。在圣母玛利亚胸前衣褶间的带子上，我们可以读到这样的文字：AGELUS. BONAROTUS. FLORENTIN. FACIE-BAT(这是用简略的拉丁语书写的，而且明显是匆匆写就。翻译成清晰的表达应为"米开朗琪罗·博那罗蒂制作此像")。

为什么米开朗琪罗在这座雕像上刻上了自己的名字，而之后再也没这样做过？在制作雕像的时候，他并没有署名。但是一天下午，当他在圣彼得大教堂中散步时，他看到一个来自伦巴第的家庭站在《哀悼基督》前。父亲大声地说：

"看！这就是我们米兰的那个'驼子'①雕刻的作品！"

当晚，米开朗琪罗潜入了圣彼得大教堂。他带着他的纸帽和一支蜡烛。怒火让他的凿子雕刻得飞快，他要在围绕着圣母胸膛的衣带上刻上自己的名字。

达·芬奇的《最后的晚餐》与米开朗琪罗的《哀悼基督》：这两个作品的完成是艺术史上最重要的时刻。通过对旧主题的新阐释，通过直击灵魂深处的强烈表达，它们标志着意大利文艺复兴第一时期（模仿自然）的结束，以及16世纪文艺复兴，也就是"古典文艺复兴"的开始。

---

① 指米兰雕刻家克里斯多弗罗·索拉里。

"当代之光"

　　1501 年春天,米开朗琪罗回到了佛罗伦萨。他相信在那里他可以重寻"当代之光",也就是他眼中的自由、灵感迸发的源泉以及向往的幸福。然而他再也无法获得这种幸福。

　　领主广场已经大变样。朱迪思和荷罗孚尼雕像通体黑色,仿佛是在控诉亮丽天空给了塞茵那石(这是一种富含云母和石英的石头,是佛罗伦萨王宫的主要建筑材料)淡蓝色的反射光芒。那座曾经被人们从美第奇族人手中抢走的多纳太罗的大卫雕像,立在宫殿的庭院中,它已经变成了一个贱卖品。以前为了逗骗贱民们,人们就把鹿献给狂躁的狮子,观看他们之间野蛮肮脏的战斗。而这座大卫雕像现在仿佛就变成了这种比赛结束后赠送的低价战利品……在米开朗琪罗三岁时,帕齐家族就是在这里的窗沿上挂满了闪闪发光的金子,吸引了一群骚动兴奋的人群;也是在这个广场上,萨伏那洛拉接受了屈辱的酷刑……

　　当想到萨伏那洛拉,米开朗琪罗的脸色沉了下来。只有在雕刻他的《大卫》雕像(后面会提到)时,他才能强忍着回忆这位圣马可修道院院长临终的惨相。

　　最糟糕的是,他要住在距离他曾如此喜爱的广场几步之遥的一个豪华公寓中,这是他父亲用他从罗马寄给他们的钱买的。如今,对这个家庭的厌恶昼夜折磨着他。在艺术家的聚集地巴迪亚区附近找一个住处怎么样?

　　他最近对于领主街区的厌恶因对家庭的不满而加剧:他的父亲和兄弟们还在伸手向他要钱。"我非常高兴得知你获得了巨大的荣耀,"洛多维科最近这样给他写信说,"但如果这种荣耀能挣到钱,我就更高兴了。"米开朗琪罗这才明白,"当代之光"将从此与无尽的孤独形影不离。

　　米开朗琪罗从他自己选的那个小公寓,可以欣赏到巴迪亚的钟楼。一个鞋匠恰好腾出了他的摊铺,这是一个空荡且朝向良好的工作室。米开朗琪罗就把这里租了下来,而且叫来了他在罗马十分喜爱的那个学徒阿吉托。锯子、锤头、刨子应有尽有,在这个小地方里,噪音震耳欲聋。皮革刺鼻的味道和木屑味儿、染料味儿混杂在一起。红色、绿色、蓝色缤纷夺目,仿佛是六月烈日下鲜艳的调色盘。米开朗琪罗给自己选了一个新的"厂房",他能够工作了。

　　在罗马,亚历山大六世教皇的摇摆政策让艺术资助毫无希望。而在佛罗伦萨,幸运的是,朋友们带来了一个重要订单,让他重燃希望:这个订单涉及那块著名的"杜乔之石"。这块石头自从被那个不幸的雕塑家杜乔损坏后,就一直被丢在大教堂的工地上。这也成了佛罗伦萨民众眼里的一个谜。

　　皮耶罗·索代里尼在美第奇家族没落后被选为了佛罗伦萨的新一代旌旗手。他一直想把这块石头交给列奥纳多·达·芬奇。然而当时，议会的绝大多数人倾向于把石头交给一个名叫安德里亚·康杜奇·达尔·蒙特·圣索维诺的著名雕刻家。但这位雕刻家很快发现，如果不在这块大石头上加点边料，很难用它本身制作出什么。

这块石头已经在教堂的庭院中静置了三十年。它的高度超过五米，是一块纯白的卡拉拉大理石，但两腿之间的地方被凿穿了，这用瓦萨里的话来说，就是"彻底扭曲且残缺了"。达·芬奇以雕塑是"低等艺术"为由，拒绝加工这块石头。在得知这一消息后，米开朗琪罗决心在不加任何其他石料的情况下，全力将其雕刻成型。

由于《哀悼基督》让他声名远扬，教堂工程议会（负责教堂工程的委员会）和纺织行业协会①都同意让他重塑这个巨人。借此机会，米开朗琪罗见到了那位正直的旌旗手。但根据米开朗琪罗的描述，他长着"尖下巴、鹰钩鼻，皮肤是黄褐色的"，感觉像是一位美男子。他们签订的合约确定每个月都会发给米开朗琪罗工资（六个弗罗林金币）。1501 年 9 月 13 日，米开朗琪罗搬到了教堂的工地上，全身心地投入到年轻的《大卫》雕像的创造中。

《大卫》继承了多纳太罗雕塑作品的标志性的特点：朱迪思刻画了抵抗暴政的浴血斗争，而大卫则表现了一种勇气及安静的力量，或者说是公民美德。大卫守卫着他的人民，公正地统治着国家。人们也希望在佛罗伦萨的统治者身上看到同样的勇气与正直。

我们大概可以在尼古拉·皮萨诺的《力量》雕塑（1260 年）找到《大卫》的源头，这是一座赫拉克勒斯的小

---

① 纺织协会。纺织业对于佛罗伦萨共和国来说是极为重要的金融支柱。

雕像,肩上撑着比萨洗礼堂的讲道台的一个小天使。但米开朗琪罗则用与书上教义完全不同的方式诠释了赫拉克勒斯的主题,其不朽性和精神性让人们将其视为对旧主题的一次革命性创新,就像罗马的《哀悼基督》一样。多那太罗或韦罗基奥的《大卫》杀死了《圣经》中的巨人哥利亚,持剑傲立,面带胜利之色。而米开朗琪罗的《大卫》则充满了伟大力量,全神贯注且灵敏警觉。这位俊美的男子把他的头转向一侧,仿佛察觉到了一丝危险。可以看到他的左手握着机弦,右手握拳垂到大腿处,承载着身体的重心,也展现着中世纪精神中的坚韧不拔。

*

信念、希望、勇气:《大卫》清晰地向这座城市传达着这样的理念。米开朗琪罗曾经从他在罗马的佛罗伦萨团体的朋友处听说过这个城市所经受过的考验。为了刻画出"自由"的寓意,这位雕塑家忍受了许多难以承受之事。故事是从一次荒谬的主保瞻礼节开始的:

在他离开后的第二年,1494 年,那些"博勃拉诺"人("爱哭鬼们"),也就是被萨伏那洛拉操控的大市议会多数派,拥护基督做了佛罗伦萨的君主。一些年轻人组成的队伍,甚至是孩子们,拿着标枪,都担任起守护公共道德的责任。封斋期前的狂欢节变成了一个宗教节日。1497 年,在狂欢节上,人们第一次点起了"虚荣之火"。在领主广场上,基督的民兵们把所有象征着享乐的物件都堆在一起:游戏器具、被视为下流淫秽的图画、《十日谈》……波提切利把画作扔进火中;画家巴乔·德拉·波尔塔也自称道明会信徒,更名为"弗拉·巴尔托洛梅奥"(是他为萨伏那洛拉创作了那副动人心魄的画像,至今还悬挂在圣马可教堂的单人房里)。

反对这种过激行为的反对派渐渐形成和壮大:美第奇家族的拥护者,甚至是那些反对美第奇的贵族(如帕齐家族)。人们把他们称为"Arrabbiati"(狂怒的狗)。阴险的亚历山大六世教皇也成了他们的同盟。这位教皇因为一直被这位圣马可教堂的院长称作"反基督的人"而心怀愤怒,于是邀请萨伏那洛拉到罗马来"进行会谈"。然而后者拒绝了。他们二人之间的矛盾逐渐升级:互相开除教籍、禁止对方布道①;第二次点起"虚荣之火";梵蒂冈威胁要驱逐佛罗伦萨;推翻拥护萨伏那洛拉的贵族议会,并重新选举;Arrabiati 派的军队逮捕了道明会的首领以及他们的两个亲信。

议会任命了一个委员会,专门负责审讯萨伏那洛拉,要他承认自己的预言都不是神的意志。但萨伏那洛拉拒绝了。于是他遭受了酷刑:被用滑轮挂在了受刑架上。前三次,他都不肯签署认罪书。但在四十天后,他终于同意了,"他已经奄奄一息,但还剩一口气",雅各布·加利在震惊的米开朗琪罗耳边说道。

这位修道士最终被判处在公共广场上接受绞刑及火刑。同一天,亚历山大六世教皇与托斯卡纳城签署了一个协议:他将向对方支付教会收入的百分之三作为税金。

1498 年 5 月 23 日,萨伏那洛拉和其两名亲信,多米

---

① 萨伏那洛拉举行了三次弥撒仪式;他写信给全欧洲的国家首领及宗教领袖,要求他们紧急召开会议来审判波吉亚家族。而教皇的一个奸细将信件的抄件带给了亚历山大六世。

尼克修士及萨尔维斯特罗修士在领主广场被执行死刑。"就在他燃起虚荣之火的地方"雅各布强调说。

"想象一下,米开朗琪罗:人们扒下了他们的修士服,还在他们的脖子上拴上一根绳子和一条锁链![①]"

米开朗琪罗想象着:三个人的躯体在火焰中摇摇欲坠,而年轻的 Arrabbiati 派人还在向他们扔石头。

"人们告诉我说,那个刽子手当时沉浸在用滑稽的手势向聚集在广场上尖叫的群众示意,火堆点晚了。当火焰舔舐着萨伏那洛拉的右胳膊时,他已经不幸地死去了……想想啊,米开朗琪罗,想象一下! 一个死人的手臂竟慢慢地抬起,张开了手掌,用两根手指向人群赐福。"

"别说了,雅各布!"

"不,米开朗琪罗。道明会的历史,就是佛罗伦萨的历史:罪恶感与对亵渎圣物的偏好难以分割;人们喜爱佳节,也喜爱流血。萨伏那洛拉早已宣称:'他们将制服正义的人,并把他们烧死在市中心。那些火烧不尽,风也吹不走的,他们就会扔到河里去。'"

萨伏那洛拉的结局就是一场噩梦,在米开朗琪罗的脑海中不停回放着。他总是喉咙干痛地惊醒,发觉自己无法发出一点声音。贵族议会在这场运动中幸存。但恺撒·波吉亚在 1502 年发出的威胁实则是一个善意的提醒:应该要收买那些恺撒的拥护者(他的"佛罗伦萨军队军饷"为三年间每年支付三十六个弗罗林金币)。因为这些人在抵抗佛罗伦萨压迫者的阿雷佐起义后,允许了恺撒在城郊安营扎寨。谁会忘记那些被在城墙边放哨的哨

---

① 这一情形被当时一个展现该酷刑的雕刻作品证实。

兵弄出黑色斑迹的梯子？这都是为了要连续多周监视敌方！

形势非常危急,民主体制的国家机器压力重大,他们需要尽快选出一位行政长官。于是,皮耶罗·索代里尼被选中了。作为一个有权势的家族的大家长,他被任命为旗手。

"这位索代里尼是一个杰出的政治人才。"米开朗琪罗想,"他选中了马基雅弗利做自己的顾问和外交大使……路易十二的帮助①至关重要……但如果没有马基雅弗利,恺撒·波吉亚有可能拿上一大笔钱,就逃之夭夭了！"

*

这位雕刻家自忖,纺织行业协会是怎么做到一边忙于向恺撒进贡财宝,一边还成功地为艺术的发展添砖加瓦的？而且他不是唯一一个受到该协会庇护的艺术家！在1499年,在法军入侵米兰的紧要关头,纺织协会把他最可怕的对手——列奥纳多·达·芬奇带回了佛罗伦萨……

米开朗琪罗对马基雅弗利的脸庞印象深刻。马基雅弗利是《君主论》的作者,他们是在市政议会碰到的:他的面容精致,甚至带有几分女性之美,脸上光影明暗,眼眸漆黑,深不见底。薄薄的嘴唇紧闭,一丝笑容凝固在嘴边。

---

① 法国国王路易十二全面继承了查理八世征服意大利的计划,并与佛罗伦萨联盟。

"他的相貌和恺撒·波吉亚有几分神似。"这位年轻的雕塑家总结道。

人们告诉他,马基雅弗利是贵族议会中一个默默无名的小辈,但他的意见却分量很重。他被恺撒·波吉亚深深吸引,并且认同他要在全意大利建立起统一军队的想法。他们之间应该有很多次亲切友好的来往。总之,佛罗伦萨成了一座亲法的城池,而恺撒也需要法国人。

恺撒·波吉亚和列奥纳多·达·芬奇是米开朗琪罗的生命中两个不可或缺的人物。三年间,这位来自佛罗伦萨的列奥纳多,把他的《蒙娜丽莎》搁置一旁,也不再沉浸在精神事业中,而是投身于时局当中,来测试他的新战争机器。在这三年间,他是恺撒·波吉亚的军事工程师。而恺撒在统辖教皇部队时所展现的厚颜无耻,已经是家喻户晓。为了表示自己是绝对善良仁慈的,难道不是恺撒用他最最温柔的声音下令将他的大臣雷米·德奥科在公共广场上斩首示众?而其罪名只是依照他的命令,让罗马尼阿①血流成河,成为一片火海。②

在米开朗琪罗眼里,列奥纳多·达·芬奇是一个机

---

① 编者注:这里的罗马尼阿(Romagna),也译作"罗马涅",指的是意大利北部的一个大区,现在叫作"艾米利亚-罗马涅(Emilia-Romagna)",辖区形状如三角形,东临亚得里亚海,北界隔波河与伦巴第大区和威尼托大区毗邻,西临皮埃蒙特和利古里亚大区,托斯卡纳大区、马尔凯大区和圣马力诺共和国位于其南部。

② 马基雅弗利在《君主论》第七章中揭露了事实真相。作者是这样总结的:"这一场景的残忍让所有人既满意又震惊。"恺撒·波吉亚并没有足够长的寿命来实现自己的宏图大志:建立一个"波吉亚王国"。由于被所有人憎恶,在尤利乌斯二世的统治时期,他逃亡到纳瓦拉皇宫做了一个普通士兵,并在一场最可悲的小型冲突中毙命。

会主义者,甚至是一个叛徒①。然而在 1504 年 1 月 25
日,一大批艺术家齐聚在教堂中为这座终于完工的《大
卫》选址。当他看到达·芬奇也列于其中时,内心还是非
常骄傲自豪的。除了列奥纳多以外,前来的艺术家中还
包括波提切利、安德烈亚·德拉·罗比亚、大卫·基尔兰
达约、佩鲁吉诺、菲利普·利皮以及米开朗琪罗的童年伙
伴——弗朗切斯科·格拉纳奇。此外,还有雕刻家鲁斯
蒂奇、圣索维诺和贝托·巴里奥尼,建筑家西蒙尼·德·
波拉、朱利亚诺和安东尼奥·达·桑加罗,以及一些木
匠、绣花工、着色师……甚至还有吉尔贝蒂的军火制
造商。

尽管这位雕塑家总是对自己的作品不甚满意,但他
也不得不承认《大卫》在佛罗伦萨人眼中的重要价值。他
的朋友格拉纳奇在给他描述会议的场景时,眼里充满
泪水:

"大家都在大声吵嚷,以至于我们谁也听不清。人们
不得不举手选出会议小组,你知道的,佛罗伦萨人嘛……
最后的表决结果与你的选择不谋而合:《大卫》将替换掉
领主议会宫殿门口的那座多那太罗的《朱迪思和荷罗孚
尼》雕像。"

比起多那太罗,人们更喜欢米开朗琪罗!而这种认
可还不够!这位"神圣的"艺术家还将创造出一个又一个
的惊喜:他构思出方案,能将这座史上最大的雕塑毫发无
损地运送到广场,并因此获得了极大的荣誉。建筑师朱
利亚诺·达·桑加罗主张用一个笼子把这个雕塑装起

①　这个定论下得有些早了:之后在小册子中,达·芬奇难道没有声明
说,自己拒绝了泄露所有可以用于战争的发现吗?

57

来;他的哥哥安东尼奥在空中大幅挥舞着双臂,不停勾勒着,人们竖起耳朵听他的想法:这里需要一张巨大的网,一个可以移动的网,把它悬挂在笼子的上方,来减轻这个巨人雕像可能受到的冲击,以保持其原样。

人们大喊着,大笑着,摩肩接踵、推推搡搡,仿佛是在中学的操场上打闹。

"那列奥纳多在哪?"

会议一开始,列奥纳多·达·芬奇就自觉地躲了起来:并不是《大卫》雕像的"旅程"乏善可陈,而是这种热情奔放与他本人精致温柔的天性实在格格不入。在他的小册子里,他只是用简单的一个词组,谜语似的写下"米开朗琪罗系列"几个字,仿佛是众多需要思考,或者需要做的事情列表中的一件。这让人不禁想到了雅克·普莱维尔的诗歌《清单》。

在桑加罗兄弟的指导下,木匠们花了将近四个月的时间制作出了一个笼子。于是,在一个 5 月的清晨,在全体委员的见证下,人们推倒了库房的墙,《大卫》被裹在网里,随后被巨大的绞车吊起,放到座舱里。人们早已无心再管达·芬奇去哪儿了。米开朗琪罗想起他三个月前的评论。当时达·芬奇脸上露出让人厌恶的微笑,斩钉截铁地说:"雕刻的命数有限,在其他任何艺术面前都相形见绌。"

四十个劳动力花了四天的时间,才将这个巨大的笼子从大教堂的工作室里运到了领主广场上。这次运送用了十四根木轮。木轮铺在地上,只要最后一根空了出来,人们就立刻把它搬到最前面,好让笼子继续向前滚动。人们也早已花好几个礼拜填平了轮车将走过的小巷。

在运送的第二天晚上,有人想要破坏这座大理石雕像,于是就向它丢石头。是美第奇家族的拥护者吗?还是那些不想让裸体雕塑成为市中心一景的清教徒?于是每天晚上,守卫都轮换值班,守护着这座巨像。它将在9月8日正式揭开神秘的面纱。全佛罗伦萨都热烈欢呼,为米开朗琪罗喝彩,将他视为意大利有史以来最伟大的雕刻家。

在佛罗伦萨民众的眼中,《大卫》有着超凡的力量,坚毅的神态,光芒四射。同他的创作者一样,他是 terribilità 的切实化身。这座巨人展现了公民意识,其灵感源于希腊,而不是希伯来。他是一个处于青壮年时期的男人,却又散发着难以言明的"人上之人"的气质:他是一个"理想化的"人,或者用柏拉图的话来说,这是人类最纯粹的"理念"。

这座雕塑使米开朗琪罗成了众人眼中的天才。它将可见之美与不可见之感完美结合,淋漓尽致地展现出了对柏拉图哲学的复兴。而这一观念也贯穿了米开朗琪罗的一生。在柏拉图眼中,感性的现实世界来源于纯粹的理性世界,而我们又模模糊糊地在记忆中保留了一些关于理性的意识。生活的真谛就在于通过美、善和真来寻回这种"理性观念"。就是循着美、善、真这样的顺序,这三种理念以爱为驱动,不断地接近(变化着的)"灵魂"的本质。于是我们也能进一步理解洛伦佐派为何如此喜爱古代雕塑艺术了:美好的躯体并不应该让人产生肉欲,而应该是唤醒人们对于彼世的思考。

当然,人们也纷纷用那些"神化的"形容词来恭维米开朗琪罗。但他始终保持清醒,知道在启发思想的道路上,他还有很长的路要走。而且他也始终坚信,自己还不够格:"他有如此完美绝伦的想象力。"瓦萨里写道,"他脑子里的东西有时概念太宏大或者太恐怖,凭他的双手都不可能实现。因此他经常中途放弃一些雕塑作品,其中有很多都被他直接打碎了。"而康迪维也曾说过:"他总是低估自己的雕塑作品,极少觉得它们令人满意。"

＊

通过观察《大卫》,我们可以了解这位雕塑家是怎样雕刻的。遗憾的是,文艺复兴时期使用的大理石雕刻工具没有一件保存下来,但根据《书信集》的记载,当时的工具应该与我们如今使用的工具区别不大:"榔头"(一种锤子)用于粗加工大块的石头;"尖锥"用于将石头削尖,把石头表面锉成坑坑洼洼的大致样子;然后是"尖凿",这是一种打磨过的凿子,头上是尖尖的齿状,用于雕刻细节;下一步就要使用"凿子",长得很像金属刮刀;最后是"锉刀"磨光,这是一种由两块薄板构成的雕刻刀。

米开朗琪罗还是对绘画情有独钟。这种偏爱有很多证明,而他的蜡笔画及羽毛笔画的水平也已经出神入化。但他在去世前销毁了自己的所有手稿,因为他认为那些都是不完美的:"绘画和雕塑带我走向毁灭。"他在最后的几封信中这样哀叹道。因此现存的只有那些他认为已经完成了的画作,比如献给他的朋友(或是情人?)托马索·卡瓦列里①的《法厄同的坠落》,还有《青铜大卫及其他形

---

① 罗马一个贵族家庭的继承人,1533年成为米开朗琪罗的学徒。长期以来我们一直以为那些给卡瓦列里的诗歌是写给一个女人的。

象的草图》,这是和大理石的大卫同时期的作品。这些草图也帮助我们了解到米开朗琪罗的创作理念,即通过"不变"不断阐释"变化"。

草图都是参照现实的模特创作的,很少只为一件作品而画。拿最近的一个例子来说,《青铜大卫的草图》中的大卫,一只手的样子接近大理石像的《大卫》,另一只手的样子则更像米开朗琪罗。(Davide colla fronba io coll'arca:"大卫有投石器,而我有一张弓。")图上还写着彼得拉克的一句名言("高屋坍塌,草木枯萎")。为了给画面添加一些当代艺术的色彩,米开朗琪罗采用了还需要我们去解读的方法①,在这一点上,他和他的对手列奥纳多倒是不谋而合。他在画面中描绘了某一观念的许多不同层面(我们可以认为此处的观念既是肉欲的,也是精神的)。

在完成了大量的草图后(他一直强调,当绕着一座雕像观察时,我们有四十种不同的视角),米开朗琪罗就开始按比例制作黏土模型。黏土模型的大小尺寸是通过一个"标尺"在大理石块上确定的。这个"标尺"其实是一个带刻度的圆盘,被当作帽子放在了模型的头上。在绕着圆盘旋转的定杆上,吊起一些可以滑动的铅线。这些铅线就可以用来测量角度、距离、厚度,就像在地图上一样。一个"第二标尺"被放在了大理石块的顶端,可以用它来

---

① 列奥纳多·达·芬奇的《岩间圣母》和米开朗琪罗的《最后的审判》面对20世纪的绘画家保罗·克利的几何线条感也毫不逊色。在达·芬奇的画作以及其反着写的奇怪评论(即使我们用镜子照着看,也不能理解其中含义)和米开朗琪罗的画作及其在《书信集》或《手稿集》中写下的文字间谜语般的联系中,我们也可以建立起一种对应。

测量大理石的数据。

随后,米开朗琪罗就开始敲打大理石,并把钉子钉入大理石,来给人物的凸起部位做标记(比如在《大卫》雕像中,突出的部位就是左脚、左膝、右拳和左肘)。他接下来就开始勾勒出力量线条(比如从左膝到胸腔,然后到腹部)。他多少次这样写道:是大理石赋予凿子活力,就像他赋予囚困于石头的身躯以活力。

"他在一刻钟里迸发出的灵感的火花,远超过三个石匠在一个小时里能做到的!"一位见证过米开朗琪罗工作过的人感叹道。

这位雕塑家已经深陷在创作的狂热中,他接了一大堆的订单,完全不考虑自己的时间和精力。"他有巨大、强烈的能量,"康迪维说道,"这让他几乎和整个人类社会都隔离开来了。"

时间和大理石

　　和列奥纳多·达·芬奇一样,米开朗琪罗也想做个全才:工程师、绘图员、画家、雕刻家、石匠。后来他强硬地赶走了西斯廷教堂里的所有学徒,他想独自完成所有的工作。他既没有时间过自己的生活,也没有时间关心他人。这是一个恶性循环:米开朗琪罗像是被判了极刑一样超负荷地拼命劳作。这样的痛苦,别人都唯恐避之不及,可他却无论到何处都要背负、忍受。

　　他的外貌并不帅气。如果他穿上华丽的衣服,露出冷淡嘲讽的表情,人们可能会觉得这是个小丑。不过在列奥纳多的眼中,可能这就是一种炫耀了①。其实,在整个佛罗伦萨,只有达·芬奇能够理解这份孤独和每天二十多个小时的工作强度。可是他们彼此却非常陌生:不仅是因为米开朗琪罗对达·芬奇的近况完全不关心,还因为米开朗琪罗出于怀疑,常常出入于恺撒·波吉亚的家里;更重要的是,这位《蒙娜丽莎》的作者敢于独自一人潜入到最黑暗、最幽深的想象之中。在这样的幻想世界

---

　　① 达·芬奇举止高贵优雅,是不是为了让人忘记他其实是芬奇镇的一个小旅馆老板的女儿的儿子?让康迪维有些惊讶的是,米开朗琪罗曾经这样总结道:"艺术应该是贵族们的事业,而不属于平民们。"

中,他还发明了一些奇特的飞行器。

米开朗琪罗一直逃避着生活,但他从未停止过记录这样的自己。创作,对于他而言,既是一种幸福,也是地狱;是对他自身不完美的救赎,也是因这种不完美而痛苦的证明。就他的作品而言,他真的是"太过用心"了。他比萧沆的时代要早将近五百年,可他的人生就如同萧沆笔下所描写的那样,"是一场漫长的腐烂"。他始终相信上帝,可他并不是上帝。在每一座雕像背后,在每一幅壁画后,他每天都在一点一点地枯萎。

每签订一次合同,他的生命就会被占用好几年。这种忧虑始终在这位艺术家的心头萦绕,但他只能通过疯狂工作的兴奋感来自我排解。他对自己十分苛刻,不断把自己逼到常人难以忍受的境地。

在爱情上亦然。因为他觉得自己不值得被爱①,所以他也不被他人喜爱。也许我们能把他六十岁后和维多利亚·科隆纳之间的"神圣的"友谊称为爱情?

文艺复兴时期的教会对于同性恋的认定十分模糊:从马丁·路德思想发展而来的清教主义迅速制止了新兴的性别宽容②。米开朗琪罗在临终前销毁掉他的画作、书信、诗歌,想要擦去所有同性恋的痕迹。但他的这种对同性的感情,比他自己想象的更真实,也比人们在西斯廷壁画的圣经解读中所破译出的蛛丝马迹更加真切。可是,他有没有接受过被那些年轻人吸引的自己?他有没有真正地体验过一次真实的爱恋,为感情投入过自己的时间?

---

① "我尊敬的大人,请您不要因为我的爱意而生气……"在给托马索·代·卡瓦列里的信中他这样写道。

② 在柏拉图学院中,人们重拾古代风貌和对男性之爱的思想。

米开朗琪罗在超负荷地接受了一大堆订单后,就真的进入了一种"中毒般的"疯狂状态:就在接受《大卫》雕像这份工作之前,他接受了枢机主教皮可洛米尼(即后来的庇护三世)的订单,要制作出十五个放置于锡耶纳大教堂的雕像(他自己只做了四个,剩下的都是他的助手完成的);在做《大卫》这个作品的同时,他还雕出了青铜《大卫》,因为法国军官皮埃尔·德·罗昂想以此和多那太罗的《大卫》一决高下(这座成品现已丢失);他还雕出了一座大理石的《圣母玛利亚》,后称《布鲁日圣母》,这座雕像日后将对年轻的拉斐尔产生巨大的影响;他还完成了三幅佛罗伦萨圆浮雕(展现圣母玛利亚的巨大圆形浮雕),并以资助者们的名字命名。这到底是出于胜负心,还是对空虚的害怕?

因为他1505年动身前往罗马,所以有两个圆浮雕没有完成。这两个都是大理石高浮雕:一个是圣母像浮雕,受到列奥纳多·达·芬奇于1501年在佛罗伦萨展出的《圣母子与圣安妮》启发;另一个是圣母和圣婴浮雕,名为《皮提圆浮雕》。

第三个是名为《多尼圆浮雕》的圣家庭与圣约翰浮雕(1503年),这座雕像特别值得关注。这是在完成西斯廷教堂壁画以前,米开朗琪罗唯一一个可以推算年代的绘画作品。画面中间的形象似乎是雕刻出的,轮廓清晰,光线充足,有达·芬奇画作的影子,但却是以相反的方式表现出来。米开朗琪罗似乎是通过展现明暗对照法(亮处和暗处)和晕涂法(来回涂抹轮廓边缘,形成一种微妙的色彩减弱)的毫无意义,来和这位年长的对手相较量,从而吸引观赏者的目光。

65

　　而神秘的《曼彻斯特的圣母》显然更加古老，人们也很难把它视作除了米开朗琪罗以外的其他艺术家的作品（因为在 15 世纪文艺复兴运动的末期，只有米开朗琪罗画过没有翅膀的天使）：这是乔托①式的蛋彩画，是米开朗琪罗 1496 年在离开佛罗伦萨前完成的，当时他只有十九岁。这又是一幅需要解密的作品……为什么两个天使中，有一个的肩膀上有一些羽毛，另一个却没有？没有翅膀的天使是不是对摆脱了肉体的人类的一种隐喻，就像圣母两侧有着同样轮廓的两对情侣暗示的那样：一对情侣是清晰地刻画出来的；而天使指着的另一对情侣则只是描绘了光影。天使的手指和凡人一样，圣母的目光垂在一本书上，书的上方正是这一对情侣的光影。

＊

　　米开朗琪罗现在的生活状态就和创作《大卫》时的一样：他生活拮据，每天急匆匆地吞下一块面包，就上一杯酒，嘴里嘟囔着，手中也不放下锤子、凿子或者羽毛笔。

　　"他怎么做到左右开弓的？"一个学徒喃喃自语道。

　　"左手拿着木炭棒……现在是用右手了。"另一个人说……

　　米开朗琪罗的两只手一样灵活，对此他十分骄傲。今天我们将他称作"两手同利的人"（列奥纳多·达·芬奇也一样，可以随心所欲地用另一只手写字）。这种天赋让他可以同时完成双倍的工作。每天晚上，他和我们一

---

　　① 乔托（Giotto，约 1266—1337）是佛罗伦萨画派的创始人，奠定了文艺复兴艺术的现实主义基础。

样入睡,但只睡三个小时,最多四个小时。他睡觉时连衣服都不脱,还穿着靴子。这是一个医生的建议:靴子里的鞋带可以挤压腿部血管,促进血液循环……

一天,他突然觉得腿上一阵"血液上涌",让他不得不切开皮靴。在取下皮靴的时候,他的皮肤"就像蛇皮一般[5]"随之脱落。我们可以想象,他是如何派一个孩子去给他拿来其他靴子,咬紧牙关重新穿了上去,就像巴斯卡尔披上了他的苦行衣一般。

米开朗琪罗生活的卫生条件差到惊人。就连他的父亲也为此担忧,尽管在 1500 年 12 月的一封信中,他向米开朗琪罗提出了一个令人震惊的卫生方面的建议:

"最重要的事情是,保护好你的头,要让自己保持适当的温暖。而且绝不要自己洗澡:让别人给你洗,绝不要自己洗澡。"

老洛多维科还在这封信中还做了预言:

"你还年轻的时候,一切还能行;但等你不再年轻的时候,疾病和衰弱会每天缠绕着你。"

他儿子在回信中列出了整整十五种严重的疾病:偏头痛、抑郁症、风湿性发热、肾绞痛、痛风、脑充血、胃溃疡、心脏病、剧烈的牙痛……这还不算从西斯廷教堂的脚手架上掉下来以后造成的腿骨骨折。

米开朗琪罗是否应该感激命运赐予他八十九岁的寿命?(在那个时代,鼠疫、疟疾、百日咳、天花和梅毒肆虐,达到这个寿命真的非常罕见。)他是不是应该感谢自己从不接受任何医生的治疗的村夫式的固执?

他性格中的矛盾随着年龄增长而愈加尖锐。我们已经提过他几乎病态的多疑性格。在他寻求一段极致的感情时,这种怀疑更加疯狂地滋长:他年轻的朋友(也被猜测是他的情人)托马索·卡瓦列里是如此的 simpatico(单纯,精致:"迷人的")。他英俊得仿佛是活生生的古代运动员的雕塑,他的眼神清澈,头发是有些发黑的深褐色。如若不然,怎么能在他身上看到那种米开朗琪罗在 1533年的一封信中写的"强大的天赋"?

米开朗琪罗乐于讽刺挖苦的性格给他招来了不少敌人。他不知道怎么停止自己的文字游戏,要一直说到十分残忍的地步才肯罢休。一天,一个画家问他怎么看自己的《哀悼基督》:

"它的确让看的人想为之哀悼。"米开朗琪罗回答说。他还为自己想到这种说法而沾沾自喜。

他时而内敛谨慎,时而火冒三丈。

让我们来品一品他和列奥纳多·达·芬奇之间的尖酸对话吧。在佛罗伦萨的一条街上,一群学者正在讨论但丁的一个篇章,他们叫住了列奥纳多,让他阐述一下该篇章的含义。而在这时,米开朗琪罗正巧经过。

"米开朗琪罗将会为你们解释你们正在讨论的诗篇。"列奥纳多回答说。

米开朗琪罗觉得自己被嘲弄了,回击说:

"你自己解释吧!你不是曾经做了一个青铜马的模型,可是却没能力把它浇铸成型么!但你居然还能在大街上停留,真是不知羞耻!"

列奥纳多红了脸,但什么都没说。米开朗琪罗依然在朝他发火:

"也就这群米兰阉鸡才会相信你可以做出那样一个作品！[①]"

米开朗琪罗腼腆内向，同时也是出了名的胆大妄为；就像他写给教皇尤利乌斯二世的诗歌中，有这样的祝词：

> 大人，如果格言有真实的，
>
> 那一定是这一句：
>
> 能者无志。

他在自嘲的背后获得安全感。这种自嘲在他写下下面的句子时达到了顶峰：

> 硫黄的心脏，废麻的肉体，
>
> 枯木般的骨骼，
>
> 还有一份不羁无束的灵魂。

还不到三十岁，米开朗琪罗的孤独感一天比一天更深刻，这都是因为他对自己的丑陋的憎恶。这也是他嫉恨达·芬奇的第一个理由："列奥纳多是一个英俊的男人，温文尔雅，气宇不凡。"在当时的一个传记作家看来，他衣着优雅，"穿着玫瑰色的及膝长袍。在他的胸膛上……他的鬓须被打理得整齐精巧。"相反，弗朗西斯科·特·霍兰德的形象倒是可以代表那个自卑的米开朗琪罗：穿着一身黑，头上戴着一顶凹陷的毡帽，肩披一件罗马式的大衣。让我们来听听瓦萨里是怎么说的：

---

① 是当时的马利亚贝基图书馆（现佛罗伦萨国立中央图书馆）的一件作品，名为《匿名的马利亚贝基》。青铜马是暗指弗朗切斯科一世·斯福尔扎的骑士雕像。弗朗切斯科一世·斯福尔扎是米兰公爵卢多维科·斯福尔扎的父亲，达·芬奇只留下了几幅人像草图，永远无法用青铜浇筑成雕塑。他的石膏像在 1499 年米兰向路易十二投降时被销毁。

"他是圆脸,额头四方宽大,鬓角盖住了耳朵。他的耳朵很大,离脸颊又很远。身体和脸颊还算协调,但身材比较高大。鼻子有点塌,就像我们在托里贾诺的生平中讲到的那样,他一拳把米开朗琪罗的鼻子打碎了。他的眼睛小小的,是角岩的颜色,带有几块黄色的斑。眼皮上没什么睫毛。薄薄的嘴唇,下唇更厚一些,还有点前突。他的胡须和头发一样,黑色,很短,两端翘起而稀疏。"

*

幸运的是,贵族议会并不以貌取人。1503 年 4 月,在《大卫》完工之前,大教堂工程议会和羊毛行业协会就重新聚集在一起,决定让米开朗琪罗为大教堂再雕刻出十二使徒像。一年交付一座雕像。同时,按照他工作的节奏,议会还为他提供了一座住宅和一个工作室,登记在他本人名下。

1505 年 3 月,这位艺术家动身前往罗马,刚刚开工的《马太》雕像就因此被搁置了。而合同也在年底被解除了。但这座雕像也极佳地展现了米开朗琪罗的加工手法。雕像仿佛是一位巨人与大理石争斗。这种从前往后雕刻石头的方法,宛若一个人缓缓地从石头中走出。

《马太》的雕刻进度也被旌旗手索代里尼的一个委派所打乱。米开朗琪罗渴望与达·芬奇一决高下,于是在他的不断要求下,索代里尼说服了贵族议会,让这两位大艺术家以同等的报酬①参与到议会大厅的装潢设计中来。

---

① 然而憔悴的米开朗琪罗最终接受了只是他的对手三分之一的报酬。

这些宏伟的壁画将要讲述佛罗伦萨的英雄历史。从 1504 年初,列奥纳多·达·芬奇就开始绘制纸版画《安吉亚里之战》。该画描绘了 1440 年一队骑兵战胜了一支重要的米兰军队的战役。这幅壁画占据了右边的墙面,展现了家喻户晓的骑士精神。

1504 年秋天,米开朗琪罗开始了左边墙面的绘画。他选择了《卡辛那之战》这一主题,这一主题是 1374 年比萨之战的一幕:约翰·霍克伍德爵士和他的雇佣兵偷袭了四百个正在阿尔诺河中洗澡的佛罗伦萨战士。然而哨兵及时通知了马拉泰斯塔上尉……在这样一个主题中,米开朗琪罗展现了他对于"生动"裸体的卓越的描绘技能。

当列奥纳多在圣母大殿中的宽阔工作室里进行自己的创作时,米开朗琪罗被分配到了昏暗的染匠济贫院①,并因此充满愤恨(他在巴迪亚的工作室太小了)。如此一来,尽管列奥纳多和他在进行较量,但他们俩也不会碰面了。不过在这种情况下,距离更有利于这两位"竞争者"保持和平。

在他遭遇了诸多不幸后,米开朗琪罗终于有了一次幸运:虽然他需要绘画的那间大房间的墙面目前看来实在是太大了(七米宽,十九米长),但房间的窗户不仅对着染匠街(离他童年时的家庭住址非常近),还……对着阿尔诺河。而这条河恰恰是这幅壁画的关键元素。

然而,还是有一个重要的问题:如何精准符合议会大厅的尺寸呢?《卡辛那之战》是宣扬丰功伟绩的题材。它

---

① 一个由染匠行业协会于 1359 年创建的医院。

71

先被画在一卷比例较大的纸上,然后被切成四方的小块一个接一个地加工。在济贫院的公众开放日(1505 年 1月 1 日)的两天前,它才被装订工萨尔瓦多重新归总在一起。在包括格拉纳奇在内的好几个人的帮助下,这厚厚的一大摞纸才被平铺好,占据了一大片墙面。而爱挖苦人的米开朗琪罗,因一系列不断发展的联想,将这幅画命名为:《沐浴者》。

米开朗琪罗只用了三个月就完成了这幅作品,而列奥纳多足足用了十二个月!三个月还算上了在阿尔诺河结冰期,米开朗琪罗和小阿吉托用蜡封上窗户的时间!小阿吉托在房间里用翻跟头来让自己暖和一点,而米开朗琪罗不断冲着冻僵的手指哈气。他所有的肌肉都因用力而绷紧,和画中那些从这条在济贫院脚下闪闪发光的河流中走出的战士们一样。

仿佛身处梦中(或者是噩梦中!),他看到他的五十位沐浴者一下子站了起来,他们的身形与常人无异,他们立在染匠济贫院的墙上:这种静止中的动态,一如自从 1492年就陪伴着他的浅浮雕作品《半人马之战》。但在《沐浴者》中,他注入了一种新的焦虑感,同时还有一种近乎狂热的希望。危急的情势让这些男人的战斗力倍增,透过他们赤裸的身体,在他们的眼神中,我们可以看到他们刚强的灵魂。

抗争,战斗,胜利:这幅画除了其历史主题,也表现了米开朗琪罗对于自身命运的理解。自此以后,他将抗衡时间,抗衡物质,抗衡偏见,抗衡嫉妒心……在这最后一点上,米开朗琪罗既容易攻击他人,也容易被攻击。[①] 赤裸的马拉泰斯塔无所畏惧地面对比萨军队的袭击,这也是米开朗琪罗对命运的抗争,因为命运给了列奥纳多一件利器——他的美貌。

曾经,他为伟大的洛伦佐读过《神曲》,现在他又为他的博洛尼亚朋友阿尔多弗兰地重新读起。和但丁一样,他知道自己在地狱中打转,并预感到即将进入天堂。列奥纳多,这个家伙,拥有了命运给予的一切馈赠,但他的灵魂却是卑贱的!难道不是他给暴君波吉亚当过军师?他作为一个佛罗伦萨人,难道不是他站在米兰那一边?难道不是他侮辱了所有的雕塑家,认为他们的艺术是"低级艺术"?

因为不是自己的造物者,这位"神圣的米开朗琪罗"要不断地反抗天命。命运是那样不公,给了他太少的长处。在他的雕塑和壁画作品中,身体和面容的和谐匀称就是一种标志:灵魂高贵的标志。但柏拉图能够战胜《圣经》中的那位不公的上帝吗?米开朗琪罗所有的作品都展现出静止的运动中的迅捷,仿佛是在回应《最后的审判》中的警告。人们扪心自问,到底谁应该被审判:是造物者,还是他创造的生灵?

是的,卡辛那的《沐浴者》中所迸发出的生命力是远远超越了生死的。画面是从这些赤裸的身体背后描绘

---

① 在市政议会前,彼得罗·佩鲁吉诺对米开朗琪罗发出了轰动性的控诉,指责其诽谤造谣。人们对米开朗琪罗的证词产生怀疑。后者声称这位老画家嫉妒《沐浴者》的盛名,而自己只是回复了他的恶意中伤。

的①,他们的表现形式犹如浅浮雕《梯边圣母》中的那个奇特的基督。这些战士们从一条河流中走出,这条河流可以认为是但丁《天堂篇》中的忘川河或尤诺亚湖。他们猛然惊醒的一刻被刻画下来:这是一道从距我们遥远的远景处发出的启示之光。

米开朗琪罗是一个信徒。在他向上帝的祈求中,在我们难以理解的话语间,他是不是已经超出了教义所允许的范围?他日渐衰老,在他的作品中,亵渎蔑视宗教的诗歌不断增多。他讥笑这种信仰,嘲讽永恒之火的预兆,直到在晚年的一封信中,他运用文字游戏刻薄地说道:"我真宁愿年轻时就做了硫熏蜡烛工坊中的一个工人。"

如果说为画出《卡辛那之战》(或称《沐浴者》)而做的习作都被公认为是米开朗琪罗最美的画作,而这些习作也都被大量临摹②,这都是因为画中的动作线条超越了感性,指向一个放倒的、可以延展到无限远的金字塔顶端。这些士兵看到了什么?人类是"世界之眼",哲学家马尔西里·费奇诺曾这样说……在这样的画作前,观者会感到一阵眩晕,就仿佛置身于一个镜子游戏,无意中就被吸引进去。

我们也可以思考一下《沐浴者》所体现的透视问题。这种逐渐消失的透视法(在这里,如果我们想直面我们想看到的内容,就需要不停走动)不能只局限于"阿尔贝蒂

---

① 这里有一种邀请你走到画作背后的效果,塞尚认为,五百年后这种技术才又出现在画作中。

② 《卡辛那之战》的纸版画在 16 世纪被销毁。不过我们还是可以通过阿里斯托蒂·达·桑加罗的临摹本对其有一个大致的了解。

的立方体^①"原理。这种原理从文艺复兴时期就是画面透视的权威法则,将画面固定在观者所在的舞台空间里。而我们应该想象出一种"双焦点"的透视法则,这也被列奥纳多称为"复合透视法"(在两倍距离以外的一个物体的体积应该只有原大小的二分之一)。

很难想象,米开朗琪罗只用了几天,就依靠自己的经验发现了列奥纳多在自己的小册子里写下的秘密法则:

> 在空间中,透视要采用两个锥形,其中一个的顶点在眼睛,底端在水平线上;而另一个的底端在双眼平面上,顶点在水平线上。第一个锥形是用于描绘整幅画的空间(……)就如一片宽阔的风景(……),而第二个锥形则是用于描绘风景特性^②……

更加令人信服的说法是,这是对佛罗伦萨画家帕多·乌切洛的手法的继承。帕多·乌切洛在米开朗琪罗出生那年就去世了,而后者从孩童时期,就十分欣赏圣玛利亚大教堂中的壁画。这些壁画和"经典透视法"相比,都有了极大的创新。

不管怎样,我们都应该想象一下这位关在染匠济贫院里的隐居艺术家,顺着他的纸版画小跑,在上面一个接一个地钉上等距离的钉子,用铅线引绘出无数条直线,只

------

① 1436年,热那亚建筑师利昂纳·巴蒂斯塔·阿尔贝蒂在他的著作《论绘画》中阐述了"经典透视法则"。这本书是献给佛罗伦萨圣母大教堂的热那亚建筑师菲利波·布鲁内列斯基的。根据阿尔贝蒂的计算,一幅画可以被看作是一个"立方体",或者类似于宫殿的剧场舞台。画面的没影点必须设定在方形背景的水平中线上,在舞台空间内部。

② 列奥纳多·达·芬奇想要修正他的透视理论中的不足之处(画面的扭变要求,尤其是在近距离观察时需要闭上一只眼),他在《画论》中发展出了"曲线透视法"和"空气透视法",不过这本书他也没有最终完成。

为了找到一个新的没影点……这也以一种天才的方式，用简陋的条件，启发了哲学家、数学家勒内·笛卡尔于1637年写下《几何学》。

*

人们从意大利的四面八方赶来欣赏两位大师的纸版画。在染匠济贫院里，米开朗琪罗看到佛罗伦萨那些最有前途的年轻画家们鱼贯而入：安德烈·德尔·萨托，当时只有十岁，就在询问他能不能临摹这幅纸版画。还有年轻的塞巴斯蒂安·德·桑加罗，他是建筑师朱利亚诺·德·桑加罗的侄子。还有拉斐尔·桑西（我们称之为"拉斐尔"），当时只有二十一岁，他的大眼睛和极具贵族气质的美丽脸庞让米开朗琪罗产生了一种奇怪的好感。他本可以试图在他完美的花边白衬衣下挖掘出那种列奥纳多式的恶毒灵魂，但他只是简单地说"很高兴见到您"。在当时，没有人能想到后来这两位大师之间将产生怎样的仇恨。

在当时，雕塑家及金银匠本韦努托·切利尼只有六岁。这两幅纸版画给他留下了难以磨灭的印象，在他的自传中，他这样说道："只要这两幅画不被损坏，它们将永远是全世界的典范。"

小安东尼奥·德·桑加罗和拉斐尔当场决定离开佩鲁吉诺在佩鲁贾的工作室，参加《沐浴者》的绘制工作。尽管非其本意，米开朗琪罗还是成为一个汇聚了许多未来天才的工作室的领头人。他在不自觉的情况下，就成了佩鲁吉诺的眼中钉。旌旗手索代里尼充分展现了自己的外交才能,才让这位老画家表面上平静下来。人们可以给米开朗琪罗预言一个灿烂的未来,他将成为佛罗伦萨最好的工作室中最负盛名的大师……

但时局却出人意料地突然发生了变化:由两位当代最伟大的艺术家进行的议会大厅的装饰工程最终却以中断而告终!

以自己的纸版画为模型,列奥纳多开始在议会大厅的墙上绘制壁画。作为一个彻头彻尾的实验创新者,他利用这次机会尝试了一种新的"胶画"技术①,想让画作可以更好地贴紧墙壁。但颜料变色了,还向下流淌,对下方的壁画造成了无法补救的破坏。在 1505 年 5 月,列奥纳多放弃了这一方墙壁。

至于米开朗琪罗,他甚至没有时间开始绘制他的壁画。在 1505 年 3 月,他的朋友朱利亚诺·德·桑加罗,梵蒂冈的官方建筑师,给他带来了一个召见的口谕,但这更像是最后通牒:尤利乌斯二世,新上任的教皇,要求他来到罗马完成一个订单。订单内容十分模糊,所有人都猜测这可能和修建他的陵墓有关。

这个修建一座"开阔的"建筑物(在各个方向都可以被观瞻到)的计划在 4 月正式启动,而米开朗琪罗为了挑选一块最完美的大理石,在卡拉拉一直住到了 12 月:他找到了一块半透明的白色大理石,纯净得可以让人看到里面重叠着的所有晶体层。这是一块"高贵的"大理石,没有裂纹,没有铁的斑点,没有气泡。这块大理石的纯净不只可以用肉眼看到,还可以用耳朵听到。用木槌轻轻

---

① 在画中运用用水研碎的颜料,并与胶水、树胶和蛋白共同调和而成。

敲击,它可以发出水晶一样的声音。

　　未来似乎一片光明。然而事实上,1506 年和接下来的几年,将成为米开朗琪罗人生中最困难的几年。在他的《书信集》中,他用"死亡般的悲惨"来描述这几年的经历。

为战神教皇服务

当米开朗琪罗结识尤利乌斯二世时，这位教皇已经六十二岁。要怎样描述这样一位历经沧桑考验、有着斗士般面孔的男人？他坐在深红色的王座上，让这世界上的很大一部分人为之颤抖。一大把白色胡须让人觉得他更像是一个在长途中前行的航海家，而不是一个精神领袖。拉斐尔在《博尔塞纳弥撒》(1502)一画中完美的表现了这位我们称为"战神教皇"或者"尤利乌斯·恺撒"的教皇：意志坚强，充满能量。

在桑加罗行礼之后，这位年轻的艺术家跪了下来，亲吻了教皇的戒指。

谁没听说过尤利乌斯二世（朱利安诺·德拉罗韦雷）执拗而好战的性格？他的前任庇护三世的任期极短，在接替亚历山大六世的教皇之位后还不到一个月就去世了。1503年10月31日，尤利乌斯二世正式当选成为教皇。他敢于公开指责亚历山大六世为"错误的教皇，教会的叛徒"（因为他在法国避难了十年）。但众所周知，他自己却也是毫不犹豫地花钱买下了罗马教廷的圣座。

这位德拉罗韦雷教皇是西施德四世的侄子，也是在西施德四世的帮助下一步步走上了大主教的位置。因此,当时还是主教的罗韦雷获得了他叔叔赐予的各种利益,并且向在教皇选举会场内的所有枢机主教允诺了好处。因此这场教皇选举也成为罗马教廷有史以来最短的一次选举。从 1503 年 10 月 31 日,也就是他被一致通过当选教皇的那天起,在全欧洲的大街小巷,人们都用隐秘的词汇传唱着这位教皇的"买卖圣职罪"(圣物交易)。

人们本以为会看到一个像老年的恺撒·波吉亚一样的人物……作为雕塑家和绘画家,米开朗琪罗的双眼十分老到,他偷偷地打量着这位新主人。在这位神圣教皇的庄重威严气概中,没有任何的残酷暴戾之感,没有任何的厚颜无耻之相:只能看到钢铁般的意志和一双乌黑发亮的眼睛。这双眼睛展现出异于常人的智慧,让人不由得垂下眼去,不敢直视。所有敢于直视他的人,哪怕只有一次,也能在他的眼中读到马基雅弗利的那句箴言:"为达目的,不择手段。"

对于米开朗琪罗来说,要侍奉帕齐谋反事件的煽动者的一个近亲,是一件非常困难的事(西施德四世曾打算通过打击美第奇家族,来铲除在这座实力过于雄厚的城邦中的亲法政治势力)。尽管他猜测,尤利乌斯二世与亚历山大六世不同,并不追求个人利益。教皇的脸庞被厚重的长袍遮住了一半,但依然难掩其俊美。而米开朗琪罗也察觉到了其灵魂的高贵:

"他大概用尽一生来等待时机,重新征服那些由于法国入侵或天主教会大分裂①而脱离罗马的教皇制国家②。"米开朗琪罗这样自言自语道,"但这样的一个男人,他完全有能力在一天内实现其他人需要用几年来构思的事情!"

在这位"行动派"的心里,是没有任何无用的想法的。他冷淡地为这个瘦弱的小人物赐福,而他的眼神穿过了米开朗琪罗:他的心思在别处,他正描绘着未来战役的计划,排兵布将。

"尤利乌斯肯定没有注意到我们的存在。"米开朗琪罗想着。他大着胆子朝旁边的桑加罗看了一眼。"但我们要怎么在不惹怒他的情况下站起身来呢?"

尤利乌斯二世的确沉浸在自己的想法中:那些教皇制国家有战略意义(可以保证梵蒂冈在整个欧洲大陆中的独立地位),还有经济意义。如果要重建罗马的农业、改善糟糕的卫生条件、修复宫殿和道路、促进艺术发展③,就要平息战争的紧张局面和掠夺之风,允许商业往来不断扩大,还要铸造新的货币……一句话,要重新夺回罗马的世界银行地位!

我们可以想一想尤利乌斯二世怎么还会有时间去讨

---

① 1309 年,教宗克雷芒五世在阿维尼翁展开了这场大分裂(1378－1417):出现了两位教宗:身处罗马的意大利教宗和身处阿维尼翁的法国"对立教宗"。这一局面使得不同教皇制国家的领导人依照独立的领主要求行事,大大削弱了罗马的实力。米开朗琪罗多次表示,罗马被削弱成了"一堆垃圾"。

② 那些主要是被教皇家族里的成员或者神职人员遗赠、购买、精神收复或者武力征服的国家。

③ 尤利乌斯二世不仅召来了米开朗琪罗,还召集了拉斐尔和建筑师布拉曼特。布拉曼特让米开朗琪罗既着迷又厌恶,就如他对达·芬奇的情感一样。

论艺术：1505 年对于他来说，是多么关键的一年。法国军队被雇佣兵队长贡萨洛·费尔南德斯·科尔多瓦击溃，那不勒斯被解放了（那不勒斯被占领曾经是南方地区的一个隐患），强大的恺撒·波吉亚被流放到了西班牙……而也是在这一年，缺少军队的尤利乌斯二世组建了他的"瑞士卫队"（两百名瑞士士兵将与两千人对抗）。同样是在这一年，他还和乔瓦尼·乔尔达诺·奥尔西尼①展开了秘密谈判，打算出于政治战略目的，将他的三个女儿中的菲利斯嫁给对方。

因此，在 1505 年他接见米开朗琪罗这一天，他的心绪显然是不在于此的。他的脑子里是不是已经满是他打算第二年发动的佩鲁贾和博洛尼亚战争了？

而米开朗琪罗，从此刻开始，也走神了。他的身体肯定还在那里，但是他的思绪已经飘向了别处：他的精神已经摆脱了这繁杂多余的衣服。眼前的这位圣彼得大教堂的拥有者，是一个绝不能错过的"活体模特"！他在脑子里已经为他画出了好几种不同的姿势：在这里他正快马扬鞭，在那里他又变成一个高举旗帜、手握长剑的新救世主……面对着自己麾下的一众瑞士士兵，这位战神教皇难道没有亲口发誓要收复教皇国家，重建自己的世俗权威吗？

*

尤利乌斯二世已经开始对自己面前的这位年轻艺术家感到不快了。他还猜不到对方的杰出艺术生涯，而米

---

① 尤利乌斯二世应该在强大的科隆纳和奥尔西尼家族前自保，让他们的反对成为幻想。他们现在是罗马封建制度的残余势力。

开朗琪罗也还无法知道这位可怕的尤利乌斯二世将会创造什么样的非凡历史。但这两位"对话者"都在沉默地打量着对方。他们都在对方的脸上看到了刚毅与能量。这种气质是受心中的宏图大志激发的,而且他们也都有能力将这种雄心变为现实。他们都暗想,即使他们彼此都保有深深的好感,与对方的合作也依然会是"可怕的"。

尤利乌斯二世打破了沉默,用干巴巴的声音简练地发出命令,就如同对一个侍从一样:

"给我建造一个开放式的陵墓,就像住所一样。我要在陵墓的中楣上刻上对我为统一教廷所做的战斗的赞美之词。"

"但建在哪里呢,陛下?"

"在圣彼得镙铐教堂。"尤利乌斯二世勉强回答道,用恼火的手势示意这些来访者离开。

从此,这两个男人的命运就交缠在一起。即使,就像我们后来所了解到的,这座陵墓并没有完成。尤利乌斯二世后来将这个计划替换成了对(献给西施德四世的)西斯廷大教堂穹顶的修复。修复后的穹顶将于 1512 年向公众开放,而也就是在这一年,尤利乌斯二世完成了对教皇制国家的统一。四年间,米开朗琪罗站在脚手架上,用心绘制着五百四十平方米的穹顶,背脊佝偻,颈椎快折断。而四年的时间也足够"尤利乌斯·恺撒"在康布雷同盟战争①中大获全胜。

这种平行比较可能会让人觉得可笑:米开朗琪罗挥拳打跑了他的学徒们,沿着穹顶独自描绘出先知们的神

_____

① 参与方有法国、西班牙和教皇。

圣威严;而教皇,如同摩西般惊人,闪电般地开除了路易十二的教籍,并招募了一万名瑞士军兵……在拉文纳对战法国人的胜利面前,他保持沉默,就像站天花板前的这位画家:他怎么能想象到国王会允许瑞士军队穿过国境线,到达威尼斯呢?

帕维亚,米兰,热那亚,罗马尼阿……;教皇制国家不仅将被重建①,而且还将扩张(博洛尼亚和帕尔马)。至于米开朗琪罗,他已不满足于重新描绘《圣经》的章节。他以艺术史上绝无仅有的阐释方式重新"创造"了这些故事:这些图画兼具诗意性、哲学性、神话性、建筑性和雕塑性。

这两个人之间存在着一种绝对的相似:无论是这位画家,还是这位教皇,他们都不满足于自己所从事的工作。对于米开朗琪罗来说,工作还未完成(尤利乌斯二世在 1512 年强行叫停了工程);对于战神教皇来说,这场征服并不能满足他心中那种隐秘的雄心壮志。米开朗琪罗曾经一眼就看出了教皇心中的宏伟理想,而这个理想也与他自己那种艺术家的狂妄不谋而合:要把整个意大利、大部分欧洲都变成教皇国家。

在他拜访教皇之前,米开朗琪罗在这座城市走过的时候,他未想过自己将会见证这里的沧桑变化:残破的房屋被拆掉了,罗马式的街道也被重新铺砌过,显得干净宽阔。旧广场上也没有猪了。但那些教堂(里面藏有 15 世纪文艺复兴的艺术珍宝:弗拉·安杰利科、菲利普·利皮、西诺莱利、佩鲁吉诺、波提切利……)还是埋藏在一片瓦砾下的废墟。

------

① 重建的过程是长期的,只有 19 世纪的意大利统一运动对其提出过异议。

走出圣彼得大教堂后，米开朗琪罗步行了好几个小时才让自己平静下来。天气温和，此时要是能沿着特拉斯提弗列河岸散步，看看圣玛丽教堂和圣保罗教堂的钟楼，接着走上通往拉特朗大殿的路，该是多么幸福啊！拉特朗大殿的巨大纪念碑标志着它曾经在上千年里是教皇的所在地……但是这种美梦十分遥远。他要返回古墓地，还要前往圣母大殿。

米开朗琪罗满眼泪水。他看到了心中世界七大奇迹之一的衰败：就因为尤利乌斯二世声称自己"既没时间也没钱"，连圣彼得大教堂都被完全毁坏了。

教皇堆在观景台上的那些古董，难道一文不值吗？

*

在教皇的想象中，罗马城是闪闪发光的，宛如宇宙的中心。米开朗琪罗认识到，尤利乌斯二世让自己和其他人一起来到这里，是作为后备军来"帮助城市建设"，但其实并没有什么详细的方案和计划。

米开朗琪罗心存疑虑地重新加入了桑加罗工作室……并且立刻坐在了画板前。显然，一个摩西的雕塑是必不可少的了。摩西，是一个成熟强壮的男人的象征，他发起怒来惊人且过分，可他在立法过程中又十分沉稳妥当。摩西，他象征着一个不完美的人类，徒劳地努力接近那种已被遗忘的柏拉图式完美。

这座《摩西》雕像，尽管只是坐在陵墓的一个角落，但高度也有至少两米。在他对面的角落里是圣保罗像，那位在濒死时见到耶稣显灵异象的使徒。这座建筑物被设计为一个金字塔的形状,底座有十一米长,七米宽。这两座雕像占据了金字塔的第一层。金字塔高十一米,从低到高建造了大量的台阶。在顶端有两个天使托着一个小石棺。一个天使为这位伟大人物的逝去而哭泣,另一个天使则为他升上天堂而微笑。

为了这个如同哈德良之陵一样宏伟的工程,米开朗琪罗设计了四十多座雕像来装饰陵墓中的奢华檐壁,每一个都和开始的几尊一样巨大。那尤利乌斯二世想要的青铜檐壁呢?米开朗琪罗将其适当地简化了:精美、细致,在某一层台阶上几乎看不到。

底座部分是最具有创意的。底座由一些柱子支起,四个角落分别由不同形态的四个奴隶支撑。这些赤身裸体的奴隶与台阶上穿着衣服的人物形成鲜明对比。米开朗琪罗希望赋予他们各种姿势形态,展现他们的斗争或失去理智的希望。

米开朗琪罗再一次将展现人类命运的《沐浴者》搬上了画布。但是这一次,参观者们可以绕着他们欣赏。他们看到了什么?他们的圆雕一直延伸到陵墓中的墓室的入口处,而在墓室中,就将安放着教皇的遗体⋯⋯而一切的秘密也将终于他自己。

"在看到了这个设计图以后,教皇非常满意,于是他立刻把米开朗琪罗派到了卡拉拉。"康迪维这样讲述道。他拨给了这位雕刻家整整一千个杜卡托金币,用来购买上好的大理石,以及承担石材运往罗马的路费。

"那期限是?"米开朗琪罗问。

"五年。"教皇简短生硬地回答道。

但他至少需要两倍的时间才能完成!

米开朗琪罗在卡拉拉的山谷中，度过了差不多一年的时间。而在此期间，他没有收到任何其他钱款。最后他终于选到了一大批中意的大理石，并且通过海路将它们运送到罗马。教皇准允他在圣彼得广场上建立一个工作室，专门进行塑像雕刻。而这些大理石就占据了广场的一半。

为了方便尤利乌斯二世前来视察，人们还在工作室外建造了一个通向"空中走廊"（这个长廊连接了圣天使城堡和梵蒂冈皇宫）的吊桥。米开朗琪罗与教皇如此亲近，这引起了为教皇服务的其他艺术家的嫉妒。

当人们说起米开朗琪罗这个毫无人性的残酷工程时，"嫉妒"二字总是不可避免地出现。直到尤利乌斯二世过世，米开朗琪罗也只完成了四座雕像和八个毛坯。这个"陵墓的悲剧"让这位雕刻家的生命变得阴沉忧郁，以至于他自己都认定这是上天的惩罚：因为尤利乌斯二世和他自己都有着强韧的天性，只接受宏伟的计划，那造成这种像在古希腊悲剧中描写的一样"不切实际的愿景"的罪魁祸首不就是他们自己吗？

在卡拉拉，在打磨好大小合适的石块后，米开朗琪罗还有大量的工作要做：公证人要对石块进行认证，之后盖上写有这位雕刻大师的姓名缩写的印章（图案是三个圆环交织），然后还要给每一块石头画出精准细致的草图。

在此之前，他还需要监督艰难的挖掘过程：这项采石场上的工作是如此危险，以至于这些采石工在晚上收工时，都不会说"明天见！"，而是说"小心点！"

有多少人在这片白色的悬崖上丧命？一些工人身上绑着绳子，绳子的另一端固定在施工平台上。他们在几百米的高空上飘摇,冒着随时可能摔下悬崖、粉身碎骨的风险,清理着峭壁上可能会坠落的石头。在更低一点的地方,其他的采石工拿着撬杆或者锤头,把木块敲进石头槽口里,木块在吸满了水后会沿着纹路涨开,从而使石头也爆裂。

采掘的过程是垂直进行的,工人们要从悬崖高处开始采掘。当石头迸裂后,它就掉落到工作平台上,那些工人们迅速跑开,但是他们只能跑到平台的最边缘。同时,石头沿着脉络裂开时也会造成其他的危险。然而这些大理石,尽管被雨水中的化学物质侵蚀,却依然是那么洁净无瑕!

当一块大理石被认定为品质上乘后,就需要绑上绳子,利用滚轴拉到一个倾斜的平面上,而这个平面也要刷上石皂。这样,石头的下落过程可以用绳子来控制住。米开朗琪罗在1518年的一封信中回忆过一场极其悲惨的意外:"牵拉石头的绳子断裂,一个工人被砸断了脊柱,当场死亡。而我自己也差点丧了命。"

不幸的是,这种悲剧也慢慢让人习以为常。于是当号角吹响,工人们就放下手里的锯条或者锤子,而学徒们也停止喷洒用来加快切削的沙和水。在一片静默当中,人们走下工地,低着头向家里走去,而这回家的路途通常都要一个多小时。

可所有的这些努力,却没有任何回报和意义!因为大教堂比这座陵墓小太多了。而没人会想到这一点……

"这些雕像会在台阶上摔碎的。而且这些窗户也太小了,透过窗我们只能看到一大片阴影!"建筑师布拉曼特①提出。

"你说得对。"桑加罗承认,不自觉地用手卷弄着自己的白色鬈发。眼睛里闪过沉思的光泽。"需要建造一个礼拜堂来展现它的宏伟。"

"那说到底,还是只能重建圣彼得大教堂!"布拉曼特喊起来,"这是教皇陛下最奢侈的愿望! 一幢建筑竟然要服务于一座和陵寝一样奢华的雕塑! 您怎么想呢,米开朗琪罗?"

"我认为我们不能破坏基督教的第一座神殿,即使那些立柱显得它十分沉闷。"米开朗琪罗回答道。

"我想象了一座教堂,墙上开着宽大的窗户,底座是标准的十字形②……这座教堂的立柱应该是非常精细的,但也要足以支撑起巨大的穹顶……"

布拉曼特的描述戛然而止。他转头溜走了,仿佛自己说了太多。

在 1506 年 4 月,人们制作出了用来纪念奠基仪式的圣牌。米开朗琪罗终于明白,人们要拆除这座古老的教堂。他大呼这是亵渎圣物。为什么教皇要拒绝桑加罗的纳入旧教堂的计划? 米开朗琪罗愤怒不已。他把这种行为称作"背叛":他的朋友朱利亚诺·达·桑加罗,难道不是前任教皇德拉罗韦雷(西施德四世)在世俗生活中最亲近的密友之一吗? 他觉得自己也被牵扯进了尤利乌斯二

---

① 一位获得米兰公爵头衔的建筑师。他的构造能力与创造天赋甚至超过了列奥纳多·达·芬奇。但法国的入侵以及斯福尔扎家族的衰落迫使他和他的对手一样,选择了逃亡。

② 内切于一个圆形中。

世这种丧失声誉的行为中，这对于一个文艺复兴时期的人来说，几乎与丧失了社会地位无异。

尤利乌斯二世不是一个会体贴对话者的人：

"多纳托·布拉曼特是这个时代唯一的建筑师。"他声称。并且用一个不容置喙的手势赶走了桑加罗。

米开朗琪罗作为桑加罗的朋友，受到了深深地伤害。他在最后的几封信中，表现出了对布拉曼特极度的厌恶，他一上来就指控他在工程中徇私舞弊。这种指控虽然并不严谨，但也绝不是空穴来风。布拉曼特于是决定要复仇……

*

"教皇陛下难道不觉得，在您健在时就筹备墓地，是很不吉利的事吗？"

尤利乌斯二世竖起了耳朵。不仅因为他很迷信，还因为他对重大的财政支出十分谨慎。一边是教堂在军事防御方面的必要性，另一边是建造陵墓中更豪华的建筑，该如何抉择呢？

感觉自己的意见受到认可，布拉曼特压低了声音说：

"米开朗琪罗有先知的天赋，他应该能感知到我会这样向您直言。所以一段时间以来，他都不停地猛烈诋毁我的人格……"

就像两年前的佩鲁吉诺一样，布拉曼特控诉米开朗琪罗诽谤污蔑。但这位战神教皇已经听不见布拉曼特说的话了，他的思维早已飘到了别处。对于米开朗琪罗的这些流言蜚语，他听到太多，早已经习惯了。甚至我们可以说，他已经习惯了去把玩这些传闻。他还没有蠢到看

不出来,造谣者总是和举报者在同一边······

尤利乌斯二世心怀梦想:生命,对于他来说,就是身着耀眼的甲胄,指挥着骁勇的军队,不断拼杀闯荡······他为什么要在这样的生命和一座陵墓之间做出选择!

*

于是,1506 年 1 月,在从卡拉拉回来后,当初出发时领到的一千杜卡托金币已经所剩无几,米开朗琪罗只能依靠他的老朋友巴勒多西的慷慨借款度日。巴勒多西接管了雅各布·加利的银行。而米开朗琪罗的情形变得十分令人忧虑:他无法再为那些从卡拉拉和佛罗伦萨来的工人们自掏口袋提供食宿和工资,而教皇也不断拉长接见他的间隔,最后干脆彻底避而不见了:

在米开朗琪罗 1542 年 10 月写的一封信中,我们可以读到这样的描述:"教皇改变了主意,可那些载着卡拉拉大理石的小船到岸了。我不得不用自己的钱付了运费。同时,那些我从佛罗伦萨招来修建陵墓的石匠们也到了罗马。我购买了家具,把他们安顿在了尤利乌斯给我的那座位于圣卡塔里亚教堂后面的房子里。我身无分文,生活在困窘拮据中······"

教皇方面没有任何消息,甚至连见一面都拒绝:

"他让一个马夫把我打发回去。"米开朗琪罗写道,"那儿还有一个经常骂人的主教,说这个马夫肯定不知道自己正在跟谁打交道。但这个马夫回答说,他完全是奉命行事。"

一封给教皇的信件见证了米开朗琪罗的决心,这种决心让至高无上之人都为之屈服:

"教皇陛下,今天在您的宫殿外,依照您的圣命,我被逐出宫门。因此我要向您禀告,从今往后,倘若您还需要我的效劳,您需要在罗马以外的其他地方找到我了。"

米开朗琪罗寄出了这封信,在他的马背两侧装上了马刺,然后就朝着佛罗伦萨飞奔而去。而在路上,尤利乌斯二世派出的骑士们交给他一封信,写着:

"接到本诏令后,即刻返回罗马,否则严惩不贷。"

"请回禀教皇陛下,如果他遵守承诺,我就回去!"米开朗琪罗回答。

如果换做是另一个人,说出这样对神的代言人如此大不敬的话,恐怕是不可能活着离开的。但是尤利乌斯二世的使者们应该是接到了命令,要善待这位被追捕的人,所以他们调转了马头,扬起大片灰尘,很快就消失在了这位年轻的佛罗伦萨人的视野尽头。

米开朗琪罗感受到了那种孩子在让自己的老师屈服后的得意感,于是他放慢了赶路的步子,在脑子里构思出了一首大不敬的十四行诗[6](这首诗在前面的章节中已经被引用了一部分),并且在他回程后就把这首诗交给了教皇:

> 大人,如果格言有真实的,
>
> 那一定是这一句:
>
> 能者无志。
>
> ……
>
> 然而上帝一边嘲讽着一切美德,
>
> 一边让它们降临于人世。

　　让美德在一棵枯树上开花结果①。

　　米开朗琪罗回到了佛罗伦萨。对尤利乌斯二世的冒犯并不是让他迅速离开罗马的唯一原因。在一封给朱利亚诺·达·桑加罗的信中，他还提到说，布拉曼特已经决定要刺杀他：

　　"这件事足以让我意识到，如果我再待在罗马，这座城市就会成为我的坟墓，而不是教皇的陵寝。这就是让我立刻离开罗马的原因。"

　　在 1542 年的一封给不知名人士的信中，他还加上了一个令人惊讶的详细描述，其中对他之前在染匠济贫院里那个单纯的学生拉斐尔，也提出了质疑：

　　"我和尤利乌斯教皇之间所有突发的问题，都是布拉曼特和拉斐尔出于嫉妒挑拨的。他们就是想毁掉我。而且拉斐尔很有理由这样做，因为他的全部艺术知识都是我教的。"

---

　　①　即使在这样的情形下，即使是面对着像尤利乌斯二世这样令人生畏的大人物，米开朗琪罗还是要玩一下文字游戏："枯树"是在暗指德拉罗韦雷教皇盾形纹章上的绿色橡树图案。

梦境与现实

米开朗琪罗回到佛罗伦萨的时候，父亲的迎接并不太热情。他原本盼着儿子从尤利乌斯二世那里带回一笔花不尽的财富，他就不用再像从前一样为钱操心了。

这位额头上过早地刻上了皱纹的不孝子目光阴沉，回到了自己的房间。他的房间是洛多维科·博纳罗蒂家这座建筑的最外面一间。他刚刚得知，1506年4月18号，也就是他离开罗马的第二天，新的圣彼得大教堂就开始动工了。

他每次穿过领主广场的时候总是带着同样的担心，近了，更近了……当然了，他的大卫还在那，高大雄壮，在初春的阳光里闪闪发光。但它能消除这个世界上的一切不公吗？那些有血有肉的生灵身上的不公呢？

想要重新找到"当代之光"，他得到《沐浴者》那儿去。这幅纸版画已经被搬出了染匠济贫院，被放在了紧挨着议会大厅的一面墙边。画面散发出如此美丽的光芒，映衬出了这些被召集迎战的沐浴者们健美的脊背！

"如果我眯起眼睛，"米开朗琪罗思忖道，"从正面看纸版画的一部分，就会感觉有一个以我的眼睛为顶点的光锥。"

他退后了几步，眨了眨眼，总结道：

"隔着一定的距离，如果我能够一览整个纸版画的全貌，我看到的就不再是从河里出来的身体，而是一个由光形成的金字塔了……我可能就能看到他们当时所看到的了……"

米开朗琪罗闭上了眼睛。这是他快速思考时的习惯：马尔西利奥·费奇诺曾说过的"世界之眼"……而人类的使命是否应该是要成为这种光的源泉，以别样的方式来照亮这个表象的世界呢？画家、雕塑家、诗人又是否必须要担当启蒙者，把柏拉图式纯粹的理念"传递到彼世"呢？

这个沉浸在梦中的人突然被旌旗手索代里尼重重的一拍带回了现实。这位德高权重的老人，像敲着熟睡孩子的房门一样轻轻拍着他的肩膀好一阵子，已经有些不耐烦。老人的脸上更多皱纹了，皮肤比往日又干瘪了些，但站得还是和橡树一样笔直。他用暴怒的目光盯着米开朗琪罗，看起来几乎要忍不住自己的怒吼：

"你可真是干了一件令人骄傲的大事呢：你居然把教皇要得团团转，就算是法国国王本人也不会这么做！"

"是教皇先食言的！"

"你能让我把话说完吗？领主议会无论如何也不会为了你而卷入和尤利乌斯二世的战争！马上回罗马去！"

"但是回到那里，我就是自投罗网！布拉曼特可是盼着打败我呢！我离开之前让人把一些大理石块堆在圣彼得广场的工地上，用篷布盖了起来。我可听说他想要雇一群地痞流氓去那儿抢劫一通。幸运的是，他一个人也没找着：一切尚未明了，就连他手下的人都害怕教皇又改变心意了……"

"但你听我说！领主议会会给你一些有分量的信件，所有对你的不公也都将是对领主议会的不公……"

"我会考虑一下的，旌旗手大人，给我几天时间。看在曾经那份十二使徒的订单的份上，至少要给我点时间吧！"

"但是没人会和你续约了！你觉得议会会为了让你在佛罗伦萨多待一会儿，惹怒教皇，替你找个借口吗？先动手做那个陵墓或者他可能让你干的其他活儿吧。然后，我们再看着办。"

索代里尼话音未落，和他说话的米开朗琪罗已经转过身去，双手拳头紧握。

"简直是一头愤怒的公牛"，索代里尼想道。

迈着大步的年轻人离开了走廊，跑下了宫殿的楼梯，消失在一条小巷子里。

这个叛逆的年轻人相当坚定。他几乎每天都会回来凝视他的纸版画，他甚至在这里放置了他的木炭棒和颜料，以便修改些细节……他也几乎每天都会碰到索代里尼，后者不断收到气得发疯的教皇一封又一封的敕书（书面的命令），让人把"他的"雕塑家还回去。

而米开朗琪罗却不断地加着条件：

"旌旗手，如果这个陵墓不是建在罗马，而是建在佛罗伦萨呢？"

"你是在开玩笑吗，米开朗琪罗？这就等于往教皇陛下脸上吐口水！"

"那么，为了不连累你，我会去土耳其。他们的苏丹托方济各会的修士给我带来了一份邀约。他希望我能去君士坦丁堡，在贝伊奥卢建座桥。"

"你还是那么怯懦吗?"

谈判将持续好几个月。8月末,尤利乌斯二世离开了罗马。带着几百名骑士,他攻占了佩鲁贾,并在那里授予了枢机主教乔凡尼·德·美第奇很大的权力。然后,他跨越了亚平宁山脉,在那里他决定要裁减军队,用的是集体游戏一样的方式——完全公开地买卖圣职:他就像派发军队里的装饰品一样把枢机主教的方帽派发出去,又把大量不听话的人逐出教会……如此剔除了军队里的八千名法军士兵之后,他攻下了博洛尼亚。

教皇凯旋之日,忍无可忍的索代里尼给米开朗琪罗下了最后通牒:

"圣父希望你去博洛尼亚干一些活。马上动身吧。你没看见吗?面对尤利乌斯不断进军的危险,佛罗伦萨人民已经失去耐心了。你难道想让自己被石块砸死?"

"死在佛罗伦萨还是在罗马?在哪都一样!"

"但这可是博洛尼亚!我的弟弟,沃尔泰拉的枢机主教,是尤利乌斯的亲信。我会以我的名誉做担保,给你写一封推荐信的!"

米开朗琪罗被说服了。满心不情愿地,他匆匆拥抱了父亲和弟弟博纳罗多,又让人给他的马装上马鞍。

幸运的是,没有下雪。十一月的寒气在他的嘴唇上勾勒了一圈水汽。当他又张嘴呼气的时候,水汽呈现出金字塔的形状而后逐渐消散在空气中,如同一个雾气喷泉,让他又想起了在《沐浴者》前的那个关于光的梦……他梦游般地跨过山峰和平原,在它们的"另一边",会有什么?在地平线的"另一边",会有什么?

西斯廷礼拜堂之谜

现在，不用亮出大拇指也能通过博洛尼亚的城墙了。我们的骑士下了马，把马留在了一个小旅馆里。他艰难地在博洛尼亚主广场上举止优雅的人群中挤出一条道来。

圣白托略教堂的入口由士兵看守着⋯⋯米开朗琪罗交出了索代里尼给他的通行证。他们向他低头示意。他被仪仗队护送着，确切地说是被贴身跟着，慢慢地走上楼梯，就像是在阿尔多弗兰地那个时候一样。途中他们穿过了非凡的德拉·奎尔查①大门：《创造亚当》《逐出伊甸园》《该隐与亚伯》⋯⋯在《圣经》出现前的"法前"②世界⋯⋯这些故事能让人终身受益！

这位年轻人穿过了举行弥撒的教堂。是巧合吗？在他进门的时候一个人影从暗处出来：就是那个几个月前在教皇门前把他拦下的马夫！

这人认出了米开朗琪罗。带着最大的敬意，他把米开朗琪罗一直带到了宫邸，一位沃尔泰拉枢机主教派来

---

① 译者注：指雅各布·德拉·奎尔查(Jacopo della Quercia)，意大利雕塑家、画家。

② 原文为拉丁文 ante Legem，指在西奈出现摩西律法以前的世界。

的主教接着把米开朗琪罗带到了赛斯宫。尤利乌斯二世正在吃晚饭。这个宽敞的房间里挂满了各色的彩旗,百来名显要的宾客(将军、王子、枢机主教)坐在一张长得仿佛没有尽头的桌子两旁,而坐在主位上、穿着白色长袍的,正是那位基督代言人。

这桌盛宴是如此诱人!米开朗琪罗自从在客栈里吃了一顿糟糕的晚饭后,就再也没吃过东西,此刻他更是完全忘记了主次尊卑(或者说是最基本的谨慎)。

看着这个竟敢在他面前站着的人,尤利乌斯二世气得火冒三丈,强压着怒气说:

"本来应该是你来罗马找我们的;现在你却等着我们来博洛尼亚来找你!"

这个毛发邋遢、大衣上又沾满了泥巴的不速之客这才屈尊取下了帽子,之后依然一动不动,满屋宾客都惊得呆住了。

在这一片死寂中,米开朗琪罗终于还是跪下了。

"至圣圣父,"他知道只有激动的感情才显得合理,带着他最强烈的情感,艰难地讲出这几个字,"至圣圣父……"

教皇没有用任何方式帮助他。他低下头,紧盯着米开朗琪罗,眼神难以捉摸又令人恐惧,或许,这就是上帝把亚当和夏娃从伊甸园里赶出去时的眼神……

"至圣圣父,"米开朗琪罗用尽全身的力气,重新开始说道,"我这么做不是出于恶意,而是因为恼怒!陛下就像对待奴才一样让人把我赶走了!"

那个沃尔泰拉枢机主教派来的主教惊慌不已,想要插一句嘴:

"陛下,请您别把他的蠢话放在心上:他是因为愚昧而犯下这种罪行的。除去他们的艺术,画家们都是一个德行!"

教皇重新抬起了头,难忍心中的愤怒。他对那个惊愕的主教怒斥道:

"你刚才这些侮辱的话连我都不会说出口。愚昧的人是你! ……滚开,见鬼去吧!"

主教被突如其来的训斥吓得呆在了原地,尤利乌斯二世忙示意同桌的人过来处理。拳脚之中,这个不幸的人就被扔了出去。

教皇的气已经消了。在谁身上撒的气? 这不重要。反正他让米开朗琪罗上前来。他慈祥地看着面前这个僵硬的人亲吻着他的戒指,结结巴巴地念叨着些悔过的话,他为他赐福。

事情并没有就此结束:尤利乌斯二世需要让人们感受到他至高无上的权力。他不再想要一座陵墓,而想要一个巨大的青铜雕塑来纪念他在博洛尼亚的胜利:

"但陛下给我太大的荣耀了! 我对怎么熔铸青铜一无所知!"

"那么,你就去学吧。"

教皇的司库给了他一百个杜卡托金币!

*

对米开朗琪罗来说,这简直是一场厄运。他租了一间像货棚一样的房子,因为地方和钱都不够,只能不幸地和四个人挤一张床:他的两个佛罗伦萨帮手,拉波和洛蒂;他的铸工贝纳迪诺,还有从费拉拉赶来、年轻的小阿吉托。小个子的拉波和高个子的洛蒂看起来挺老实的，他就打发他们负责采购去了：蜡、黏土、用来加热的砖块…包括食物。

难熬的十五个月过去了：米开朗琪罗发现拉波和洛蒂不但偷他的钱，而且还把自己当作了小头头：

"拉波这个无赖，"他在 1507 年 2 月给他父亲的信里写道，"直到我把他赶出门的时候，都没弄明白自己不是主子。我就像赶畜生①一样把他赶走了。"

拉波和洛蒂还倒打了一把他们的"主子"，宣称是米开朗琪罗偷了他们的钱。他们把这谣言在佛罗伦萨传得沸沸扬扬，到头来洛多维科·博纳罗蒂为了让他们闭嘴，还付了他们一笔封口费。

而铸工贝纳迪诺也是个无用的家伙：到了 6 月，铸铁搞砸了。因为铜像只铸"到腰带上"，一切都得重头来过，人人都废寝忘食，局促在密不透风又臭气熏天的居所里。

一天，尤利乌斯二世来查看工程的进度，开玩笑似的拷问着"他的"艺术家：

"你的这个雕像，是要带来祝福，还是厄运呢？"

"圣父，它只会在人们不守规矩的时候吓吓他们。"

"它的左手拿着什么？"

"一本书，我的圣父。"

"一本书？我可不和文学打交道！倒不如在那里放一把剑。"

---

① 着迷于《启示录》的米开朗琪罗笔下经常用到"畜生"这个表达，书中的"畜生"用数字 666（按照希腊字母所对应的数值，代表"恺撒－上帝"）来表示，描绘了教权和世俗权力的混乱。米开朗琪罗给所有他瞧不起的人（学徒、兄弟、甚至是教皇）都打上了"畜生"的标签。

一个拿着剑的教皇！米开朗琪罗建议让它拿着圣彼得大教堂的钥匙,尤利乌斯二世很开心,轻轻地推了他一下。他似乎既没注意到屋子里糟糕的卫生,也没注意到米开朗琪罗惊人的消瘦,而后者已经提起过自己经常晕过去:

> 我生活在十分的不适和极端的痛苦中,他在十一月的一封给哥哥的信中写道,一天到晚我的心里只有工作;我曾经忍受过那样的痛苦,现在又受着如此大的磨难,以至于我相信如果要把雕塑重新做一次,我的生命将不足以承受了:这是巨人的工作。

这场厄运却只得到了可悲的结果:雕像于 1508 年 2 月在圣白脱略教堂正面立起,到四年后本蒂沃利奥家族重新掌政博洛尼亚时,却又将在一片喜悦中被推倒在教堂前的广场上。来自费拉拉①的阿方索·埃斯特,一位负有盛名的军事工程师,决定买回这些"教皇的碎片"。他把头部留着当战利品,然后把身体熔化重铸成了一门大炮,嘲讽地将它命名为"茱莉亚"②。

米开朗琪罗这才有足够时间来回了一趟佛罗伦萨。1508 年 5 月 10 日,他在他的记事本③上写道:

"今天,1508 年 5 月 10 日,我,雕塑家米开朗琪罗,收到了来自教皇陛下尤利乌斯二世的五百个杜卡托金币,作为我负责绘制西斯廷礼拜堂穹顶画作的报酬。"

对于这个对湿壁画艺术一窍不通的画家来说(《沐浴

---

① 另一个没有顺从的教皇国。
② 译者注:Giulia,和尤利乌斯(Giulio)对应的女性名字。
③ 原文为意大利语:记账本。

者》他只画了纸版画），这个命令就跟让他做青铜雕像一样，既出人意料又无法想象。圣父难道誓要把他弄疯？

显然，这种看似心血来潮的兴致都是布拉曼特的主意。不安于米开朗琪罗的复出，他向尤利乌斯二世提议了这个他觉得一定会以失败告终的项目。

米开朗琪罗拼尽全力来推脱这桩差事：

"圣父，对于这样的工作，拉斐尔比我更能胜任！"

"博那罗蒂！我应该把这理解为你更喜欢装饰佛罗伦萨的一个会议厅是吗？"

"陛下，我没有画那个壁画，而只是画了它的纸版画！"

"是一幅被视作'全世界的典范'的纸版画，有人告诉我了。你推荐拉斐尔？他可是你的学生！如果他都能画梵蒂冈的那些客房①，你就别说什么你没达到画宗座礼拜堂②的高度了。"

尤利乌斯二世对自己的双关语很得意，伸出手让"他的"艺术家亲吻他的戒指。这同时也是把锁链递给他的奴仆：西斯廷礼拜堂的穹顶一共有五百四十平方米！而一直在抗拒的米开朗琪罗已然惊愕得呆住，只能在这个把最美好的年华从他生命中夺走的人面前跪下。

米开朗琪罗漫无目的地走着，想要冷静下来……走着走着就到了西斯廷礼拜堂高大气派的大门前。他想都没想就推开了门，被照进礼拜堂的阳光刺得睁不开眼，跟

---

① 1508年4月到9月，拉斐尔使用壁画装饰了尤利乌斯二世住所中的签字厅（图书馆的一部分）。
② 指教皇是于西斯廷礼拜堂中选出，这座礼拜堂由教皇西斯都四世于1476到1480间建造。

跄了一下。他靠在一根柱子上,有些不舒服:在他面前,一扇扇巨大的窗户下方是一幅壮观的景象,四十米长的墙壁的上半部,装饰着波提切利、罗塞利、佩鲁吉诺和基尔兰达约的壁画。再往上二十米,就是他要负责装饰的筒形拱顶。

米开朗琪罗抬头看着天花板。上面钉着金色的钉子,优雅地向内弯曲拱起,边上却是过大的三角穹隅①,衔接着墙壁顶部隐藏不住的粗重壁柱。一片热闹的天花板!除了天花板三分之一宽(十三米)的一细条地方,没有一处不被画满的。

四米的壁画因这副屋架的粗俗而失去生气,眼前的一切让这位访客想起了他在佛罗伦萨圣神医院解剖的死者身上那些肋骨和胫骨的屋架!

米开朗琪罗对这些显然十分荒唐的联想已经习以为常。另一段记忆也浮现了出来:他还是个少年的时候,在美第奇宫邸,波利齐亚诺的课上:

"认真听着,"他的导师朝他扮了个鬼脸,"'身体是灵魂的陵墓'。但是它的美,"他一边亲切地指着高明的皮科·德拉·米兰多拉,一边继续说,"它的美,就像是通往理念之空那把梯子的第一级台阶。"

米开朗琪罗重新直起了酸痛的背。他缓缓走出西斯廷礼拜堂,他的视线模糊,思绪却前所未有地清晰。他不再用走的了,他跑了起来:

"请求陛下接见!"

---

① 指建筑师用于衔接梁跨(教室中支柱之间的部分)的方形平面与圆形穹顶的斜三角面。

＊

他是不是还是在跟那个马夫说话？他不知道。他也不知道自己是怎么来到高大的、鲜红得如同基督之血的御座前：

"至圣圣父……"

尤利乌斯二世疑惑地看着"他的"画家在他脚边吞吞吐吐的，就像当时在赛斯宫的长桌前一样可怜。

而就像那天一样，米开朗琪罗不知道该如何开口。他的脑海里浮现出一连串的联想："绛红色""降生""轮回转世"①……！他要怎么跟教皇解释应该在礼拜堂的穹顶上展开《创世纪》的故事，而不是之前他想要的十二门徒呢？圣史是一条"长链"，而十二门徒只不过其中的一个个环节而已！我们应该溯源而上，回归这根链条的开端：摩西律法以前的世界，从它的创造开始。

正如他的《哀悼基督》中熟睡的基督所表明的一样，圣史可以在这个伟大的创世中不断重生。为什么要逃避这个开端呢？为什么要遮掩埃及、希腊、希伯来文明中关于凤凰的神话呢？米开朗琪罗清楚地记得自己在一个失眠的夜晚写的一首十四行诗：

---

① 译者注：原文为"rouge incarnat""incarnation""réincarnation"，具有同样的构词词根。

非凡的凤凰^①没有浴火

就不得重生;而我若是死于火中,

于死亡所助长而时间所不能侵犯的事物中

重生才有望变得更为明晰。⁸

一抹轻轻的微笑让教皇看起来神色柔和了些。他本可以让人把这个固执而沉默的闯入者赶出去,让侍从把他痛揍一顿,把他逐出教会,让刽子手来把他吊死在荒野里……

"唔,如果他有这种打算,他肯定已经这么做了。"米开朗琪罗这么想着,找到了开口说话的力气:

"希望陛下宽恕我……"

尽管全身都惊吓得呆住了,米开朗琪罗还是强忍住了请求原谅的想法:原谅他的什么过错呢? 他试图重新整理自己的思绪:他是要来告诉圣父,《创世纪》的画作也将会给这座建筑带来重生。他是要来告诉圣父这个故事将以色彩丰富的镶嵌画展现,会给阴暗的狭长穹顶带来光辉。他是要来告诉圣父那些三角穹隅、"三角楣"^②和壁柱就像是剥掉皮肉的骨骼。他是要来告诉圣父,自己的画作将会是这些皮肉,赋予这个建筑一副完整的躯体……

"我是来告知陛下……"

---

① 一种虚构的鸟,有着目视着太阳而燃烧,并且在灰烬中重生的命运。和米开朗琪罗一样,达·芬奇也很看重这种动物。在他的手稿本中关于动物的图画集里,他把它视作坚韧的象征,并且写道:"它的本性使它能够预见自己的重生,并且由于知道自己应当重生,能够无畏地承受那将它焚烧殆尽的烈焰。"

② 在两个三角穹隅之间、窗户之上的三角形空间。

"我这样讲话的语气就像是耶稣本人，"米开朗琪罗突然意识到，"在作品中画出造物主的我，是让自己和耶稣平起平坐了吗？"

想到这，他大吃一惊。所有东西都能套进去了：所有的人物（他已经想象着它们像毛发或是毛孔一样密密麻麻地挤在天花板丑陋的边缘上）都将成为华丽雕琢的边框，而却是为了怎样的一幅画！这幅画，将是一个神圣的空间，一个他选择开放而非关闭或者加以限制的空间；它也将是一个理念的空间，而他本人就是通往其中的"第一级台阶"！

那些挤满在二十米之下的人们，换句话说，那些"信徒们"，或者说是"观众们"，他们将变成什么样呢？这些来源于想象的画作上投射着真实，这些被它所吸引的人将把自己消融在所见之中。他们将会像建筑一样，在他们自己的创造中"重生"。

普通人需要一个指路人。而艺术家正是负有这样的使命，这就是他应该跟教皇说的话！"不，"米开朗琪罗想道："尤利乌斯不会接受被当作普通人看待的，即使他，就算是带着剑，也不过是个襁褓中的婴儿……"

> 我是那个人，自你初生的数年
> 就将你弱小的目光引向那些
> 天地之间使我们维生的美。[9]

"我本可以把这首诗献给尤利乌斯的，"米开朗琪罗对自己说道，"我会跟他说一模一样的话，但却不伤害他的自尊……"

"博那罗蒂！博那罗蒂？他睡着了！以十二门徒的名义，该死的佛罗伦萨人，我命令你睁开双眼！"

尤利乌斯就像让人把那个倒霉的主教痛揍一顿那天一样暴跳如雷。

这次，米开朗琪罗已经按捺不住想说的话。虽然僵住了，他却听见自己说出这些话，清楚得如同一个数学公式。

"希望陛下宽恕我：十二门徒太糟糕了！"

教皇已经把和他说话这人视作与自己平起平坐，也不需要什么解释了。这句鲁莽的话紧跟着一段长时间的寂静。他的画家是无可替代的，独一无二的，在他擅长的领域中无所不能，就好像他这个圣彼得御座的继承者、复仇的上帝行走于人间的使者一样。

"那么，博那罗蒂，我们应该用什么代替十二门徒呢？"

"陛下，"米开朗琪罗大声说，"我将重新创造世界。"

尤利乌斯二世听明白了吗？他像往常一样向面前的人伸出戒指，而后者刚刚的样子，十足是他将在几年后赋予巴多罗买手上人皮的模样。米开朗琪罗尴尬得脸上发紫，终于意识到他刚刚把自己当成了上帝在说话。他笨拙地站了起来，连帽子在自己的旧靴子上擦过也没注意到。

完成这幅壁画，他将会收到三千个杜卡托金币。他对自己的技术水平有着清楚的认识，让人在合约里加上了一个条款，在他的费用之外，教皇还要支付工资给五个"在佛罗伦萨聘请的助理画师"。他们之中包括他的老同学格拉纳奇。其他人也曾和他们一起在基尔兰达约的画室待过,除了年轻的塞巴斯蒂亚尼·达·桑加罗①,他曾经在《沐浴者》画前延续他的作品,还在全佛罗伦萨自称是"米开朗琪罗的弟子"。

尤利乌斯二世命令布拉曼特用最快的速度构思和让人造出能够在礼拜堂里用上好几年的脚手架。这位建筑师把它用巨大的螺钉悬挂在拱顶上,又在外面用绳子把这些螺钉连接起来。

米开朗琪罗让他的这个死对头指挥工匠们干了好几个日夜,在知道已经完工了之后,他走进西斯廷礼拜堂,在惊愕的工人面前揭发他们的主子是多么无能:

"你们没有想过把你们的脚手架拆掉的时候,在我的画里会留下许多小洞吗?没有脚手架,你们留下的这些洞,我又要怎么填补呢?"

整个工程队哄堂大笑。布拉曼特只是完全忘记了他面对的不是一个普通的建筑,不像在那些建筑里一样,允许建造者留下这样的一些洞作为自己的标志!

米开朗琪罗跑到教皇那儿去告状:这堆麻烦的"木头"应该被撤走,代之以一道天桥,钉在和墙壁高处的突饰平齐的高度。为了显示自己的能耐,他自己一个人用了不到一个月的时间把它建成了。他将要这样来对待教皇的祝福。

罗马夏日的高温把这道"天桥"和穹顶之间的狭小空间变成了一个火炉,米开朗琪罗经受了这样的酷热,身体一直不舒服,直到1509年1月才恢复健康。不过在此期间他完成了整个画作的图样,从他的书信中可以证实这

———————————

① 朱利亚诺·达·桑加罗的侄子。

一点(不幸的是,所有的图画都被毁坏或者丢失了)。他可以开始画纸版画了。

整个穹顶会依据建筑结构被分为三部分:在曲折的轮廓中完全对称的头两个部分,包括了三角穹隅、边上的三角楣,和几个角落里巨大的双重三角楣①。这两个部分将会像用镀金的木条垫高的画框那样,框住九个"故事"。它们既没有用空间透视②,也没有用会让中间狭长的空间显得更平整的视错觉。

这些故事共同讲述了创世纪。从最靠近祭坛开始,依次分别是:《神分光暗》《创造日月》《神分水陆》《创造亚当》《创造夏娃》《原罪与逐出伊甸园》《诺亚献祭》《大洪水》《诺亚醉酒》。

按照透视的法则,每一个故事都在一个利用视错觉构成的框架中向内延伸,并用画出的柱子支撑这些框架。这些中间穿插着小天使③的长柱同时也围住了三角穹隅里的画面,小天使头顶窄小的台座,一些裸体青年坐在上面,这同样也是视错觉的效果。这些裸体人像总体来说都比穹顶故事中的人物要高一层,甚至被叠在它的上面。因此,在正中央《创造亚当》这幅画边上的"羞耻"裸体青年,手臂刚好碰到亚当的大腿,就像在说"夏娃,即是我。"

在三角穹隅之上,米开朗琪罗将要交替着画上女先

---

① 在穹顶的两端相汇合。

② 一种在于放大离参观者最近部分的透视效果。

③ 按照绘画者的喜好,表现为没有翅膀的天使或者光着身子的小孩子,通常成对出现。他们出现在穹顶中画着的男女先知的两边,充当皮科·德拉·米兰多拉所说的鼓舞或者保护我们的"小守护神"。而皮科也是复述了柏拉图学说中的"代蒙"的理论。

知①和古圣约书中的男先知②,利用视错觉形成第二层框架。对于一位热衷于古典艺术的教皇来说,把异教元素和基督教元素放在一起完全没有问题,米开朗琪罗很好地了解到这一点。而人物身上的骇人威严和与之交替出现的近似冷淡的温和气质,完全是在恭维尤利乌斯的自尊心……

有人说米开朗琪罗想同时挑战圣经经文和教皇幼稚的任性。这些男女先知③的表情和体态动作,都将完全背离古代神话或者圣经里他们的态度和使命:

耶利米,本应以振聋发聩之声告知世人耶路撒冷的毁灭和犹太人的流散;在米开朗琪罗笔下,他却沉浸于与世隔绝的沉思当中(罗丹的《思考者》可能就是从中获得的灵感)。以赛亚,这位预见耶稣受难的先知,本应向信徒们大声宣告不幸,并要为代罪羔羊的牺牲而痛哭;画中他却心不在焉地听着我们不得而知的消息。波斯女先知,本应高喊圣母战胜了启示录的野兽;画中却是一位年老虚弱的女性,佝着身子在读一本她显然没看懂的书。她整个人朝着书本,仿佛是在悲哀地向我们坦陈:"我的视力已经大不如前了!"

而在三角楣上,米开朗琪罗则并不想显得如此挑衅。他决定只画上犹太人得救的伟大事件,像在九个故事里一样,运用明暗对比的手法来表现高低层次。他坚持在

---

① 太阳神阿波罗的女祭司,有用谜语预言未来的能力。

② 他选择了最为异想天开的那些:约拿是因为神的旨意被一条鲸鱼吞下而变成了先知!

③ 在米开朗琪罗没有销毁的极少数草图当中,有一幅为强壮的《利比亚女先知》而画的男性裸体习作。

双重三角楣中画上最重要的几个事件:《大卫与歌利亚》歌颂了对战腓力斯人的胜利;《朱迪特与荷罗孚尼》纪念了杀死尼布甲尼撒二世的手下大将荷罗孚尼的事件;《以斯帖与哈曼①》使人回想起,对于这个想要消灭犹太民族的大臣哈曼①,王后以斯帖让亚哈随鲁王对其处以酷刑;《铜蛇》,这个寓意着犹太人得救的形象,对他来说却是预示着最后的审判。

正下方,在把三角楣和窗户分开的拱肩里,站着"基督的祖先们":亚比央和约阿希姆,玛拿西和亚蒙……这些在天选之民的史诗中地位显著的人物,正沉醉于"(耶稣)恩典时代即将降临"的预兆之中。

在天花板的两端,两个在穹隅里坐着的巨大人物,吸引着参观者的注意:

把穹顶与长边平行的中线延长至祭坛正上方,那里将画着"先知"约拿。他刚刚从鲸鱼肚中出来,回头看着身后,眼神中带着一抹对神的惊恐。但我们到后面才会注意到这一点。从边上和底下的窗户中照进来明亮的

---

① 哈曼是一个十分重要的形象,因为其举止神态和主题都借鉴了古罗马学者老普利尼所赞美的古典艺术杰作《拉奥孔》。《拉奥孔》于1506年1月14号被埃斯奎利诺山上的一位农民发现。朱利亚诺·达·桑加罗对这组石雕进行勘查的时候米开朗琪罗也在场。这个雕塑上因身体和精神上的痛苦而呈现出极大的张力,对米开朗琪罗的作品产生了深远的影响。西斯廷礼拜堂穹顶上的数个裸体人像,具体来说是在先知以赛亚右侧、《诺亚献祭》一角处的"惊奇"裸体青年,就是受到了《拉奥孔》的启发。我们在其他地方也能看到致敬《拉奥孔》的痕迹,如尤利乌斯二世陵墓最初刻上的几个奴隶,以及《最后的审判》中位于复仇的上帝左侧、整个画面的水平中线处的一个人像。

光,首先照亮的是他犹如两块白色巨石般分开的大腿①。虽然不太合适,但人们的视线却不由得顺着两腿向前看。这石柱似的双腿,将完美地置于两根支撑着第一个故事(《神分天地》)的圆柱之间。就像复活的耶稣一般,约拿在大鱼将其吞下的第三天被吐出而获重生,他手指指着祭坛上的耶稣,完全称得上先知的身份!

　　站在门口处往上看穹顶,约拿正好处在透视的焦点处,代替画家承担了向导的角色。他勾勒出了"第一级台阶",将人带入画着九个故事的理念之空。他将支撑起世界的创造,但这创造并不是一蹴而就的,而是由着艺术家的光辉无穷无尽地演绎下去。他将是马尔西利奥·费奇诺所要歌颂的"世界之眼"!一位刚刚受洗的教徒走近祭坛时,心中将会多么信服!约拿的身体和巨鲸的头部一起框出了一个矩形,如果他顺着这个矩形的水平中线看,他首先会看到鲸鱼(也就是上帝!)的眼睛,然后是这个死里逃生之人的肚脐……如果参观者轻轻地左右转头,约拿的肚脐和上帝的眼睛就会分别变成整幅画的中心,时间一长,就会使人产生一种错觉,感觉那似乎是一只或睁或闭的眼睛……②

　　在穹顶的另一端,门的上方(如果观众们是正面看着约拿,那么对他们来说这就是倒转方向的),一位裹着长袍的老者让人印象深刻,几种最基础的颜色仿佛在他的

————————

　　①　在这个画面背景中,这双腿有着淫秽和荒唐的意味,使人产生近似于萨特的《恶心》一书中所描述的感受。
　　②　米开朗琪罗联想的"链条"使人忍不住想到萨尔瓦多·达利在20世纪所作出的联想。对达利来说,这种通过连续的认同来进行的混合推理(既是理智的又是想象的),有着作为方法的价值。这就是他在《米勒〈晚祷〉中的悲剧神话》中所写的著名的"偏执狂批判法"(paranoïa-critique)。

衣服上交错旋转(褶皱里是红色和绿色,细长的边上是黄色和蓝色),引人注目。这是撒迦利亚,一位预言罪罚,却也同时预言救赎的先知;他正专心致志地看着一本书。上面有所有的颜色,却也可以说一点儿颜色也没有:这本书白得如同在他的衣服上投下影子的光,如同他细软的胡须;在这本书上,一个字也没有!

这两幅让人在大门处驻足凝视的绘画诉说了一切。整个透视的"灭点"(视线和水平线交汇的地方)抑或是拱顶上约拿的肚脐,抑或是和透视完美结合的祭坛中心。而一开始,受蒙蔽的双眼,什么也看不见……

而后,"祭坛一穹顶"这一整体就将慢慢地显现出来。在这一幅画面中,光与色相互交错,喷薄而出,颜色生出光,光又生出了颜色。如此,目光所至的空间,都不再是凝固的,而是流动的……人们将看到一道光的溪流流淌在卡拉拉的悬崖上;看到天花板,甚至是墙壁都溶解在这道溪流里。人们将看到波提切利、罗塞利、基尔兰达约和佩鲁吉诺的杰作漂浮着,光芒四射,以不同的方式凸显着自己的颜色……

因为他对于创造的狂热,米开朗琪罗在脚手架上吃了四年的苦头。在《沐浴者》(一个绝对要用列奥纳多·达·芬奇的方式来解读的标题)画前已经隐约显现出的光明之源,正是这位艺术家的十四行诗中写下的水与火之鸟:凤凰。诗人拉克坦提乌斯①为了纪念先知以赛亚和预告了耶稣复活的《启示录》,将这种在许多毕达哥拉斯

---

① 可能是唯一一位没有受到罗马皇帝戴克里先迫害的基督教徒,因为他曾担任过后者的修辞学教师。拉克坦提乌斯大约出生于公元260年,和西塞罗一样受到洛伦佐家族的崇敬。他是西方第一个试图在罗马的学术圈子里讲述基督教教义的人。

学派神话中出现过的神鸟重新命名为"启明之星"……

"听着,米开朗琪罗,这很美,"马尔西利奥·费奇诺悠悠地说道,他身上的长袍到处都是墨迹,皱得就像他前一晚上穿着它睡觉了似的,"听着:凤凰从尼罗河里出来的时候①,就像光明之源,重新点亮了整个世界。灿烂恒星就是从这只神鸟身上诞生,它也将终身凝视着这颗明星,直至死于其中。而后水将吸收它的光辉,它重新回到尼罗河,重生为'一只雄鸟或一只雌鸟,或是非雌非雄,又或是雌雄同体。'"……

＊

一长串联想加速在他的脑子里一闪而过。米开朗琪罗的身上频繁地发作着一种我们今天叫作"过度换气综合征"的病。他试图缓过气来,脑子却转得太快:从大鱼肚中出来的约拿,是那只传奇的鸟,是这个世界的支柱。约拿指着十字架上的耶稣,宣告着死亡和复活。但他的头转向身后,惊恐的眼神中说明了他看到的东西:穹顶高处,那道让他想起自己死亡的光的溪流;以及,在那一把只有内行人才能理解的"梯子"顶端(每个故事的边框构成了梯子的横杆)、创世纪之上的真理之书。在这本书中,用永恒重生的逻辑来理解,一切就是虚无:这本书是空白的,是因为凤凰的命运就是死于"虚无"!

这条"联想之链"曾经让达·芬奇也深深着迷,而它的魔力也使得米开朗琪罗,在他完成了穹顶绘画计划的1

---

① 凤凰被认为是出生于"尼罗河"(Nil)中的(此处为一个双关语,拉丁语中的 nihil 意为"虚无")。

月的这天,"变成"了他这个仍在萌芽中的创作。就像福楼拜在几个世纪后高喊"包法利夫人,就是我!"一样,米开朗琪罗在晚些的一封信里写道:"西斯廷,就是我。"

为了表明这一点,他先是不加任何解释地赶走了他从佛罗伦萨招来的画师。一天早上,他让人把他们画的东西全部毁掉,并把自己锁在了礼拜堂里。直到黄昏时候,他知道他们肯定已经在"位置"上垂头丧气,他才回了家,并且把自己关在了屋子里。

一天,他发现他已经不再需要躲起来了:他的画师们都深受打击,回到了佛罗伦萨。

然而米开朗琪罗还是很受挫:他太过好高骛远,并没有能力完成自己神圣非凡的设计①,他承认自己十分"过分",也把教皇"忘记"给他支付酬劳这件事,看作是一种应当的惩罚:"我正处在极度的消沉中,"他在 1509 年 1 月 27 日给父亲的信中说,"一年以来,我没从教皇那拿到过哪怕一个杜卡托金币;但我也不会向他提任何要求,因为我工作的进度也配不上任何酬劳。"

他留下了两个小工:一个负责往墙上抹灰②,另一个负责研磨颜料。他在礼拜堂冰冷的方砖上给他们设置了一个工作台,礼拜堂的大门紧锁,只有教皇和他的信使才有钥匙。工程终于可以开始了……

---

① 这种创造性的喜悦和消沉交替出现的情况,再次印证了我们所认为的他和"神圣达利"的相似之处。如果没有妻子加拉,达利可能会停止画画。而米开朗琪罗的非凡之处,是在于他仅仅凭借仍有所指摘的"手法",就独自开拓了艺术之路。他的艺术手法和他的言辞和行为一样,都让他觉得自己像是"小丑一般"。

② 水、石灰和凝灰岩(一种在火山爆发中产生的多孔岩石)细粉的混合物。为了让它干得更快,米开朗琪罗还在其中加入大理石细粉。

"心灵的图像"

　　米开朗琪罗决定从穹顶最靠近大门的一侧开始画。不过别忘了,对于他来说,大门中间将会是参观者的最佳观赏点。他打算利用穹顶画实现从二维到三维的转变,并把它和整个礼拜堂的空间融为一体,只要着重强调这一点,我们就能顺理成章地得出结论:在这里,他不仅像自己反复宣称的一样扮演着建筑师的角色,他也是在像雕塑家一样行事。

　　在雕塑中,米开朗琪罗一般都是由外及内地雕刻:就像他在一首十四行诗中写道的,"随着石块被削减",作品逐渐生长成型。在穹顶的装饰上,他也应该按照同样的方式,从边上(以祭坛的中心为塔尖的金字塔结构的底部,也就是大门的上方)开始。然而这又不完全是他选择的顺序。他给《诺亚醉酒》留了个空位,然后首先从《大洪水》的纸版画着手,像在《沐浴者》里面一样,在上面画满了从水中出来的裸体人物。水应当是从天上来的吧,有什么差别呢? 这也是一场求生的战斗,人们为了逃命,在河岸上互相推搡,但他们离那艘飘摇薄弱的船还很远。这些"斗士"们都被画得很小,像是被一场风暴打散了。在这场淹没了洼地的倾盆大雨中,生出了一丝光亮……

米开朗琪罗和负责抹灰的那位学徒爬上梯子,登上了二十米高处连接着"天桥"的平台。这孩子往天花板上抹上灰浆,然后贴上纸版画。米开朗琪罗先用凿子,然后用炭笔,顺着上面的轮廓描画,像是十一年前他和自己的老师基尔兰达约画新圣母教堂的湿壁画时一样。在等着下面的学徒研磨颜料的时候,他盯着脚下地面上迷宫般的图样,双腿不住地颤抖……

米开朗琪罗数次在书信中承认他有恐高症。但西斯廷教堂迷宫般的地面使他着迷。这里是天主教最为崇高的圣地之一,朝圣者都须匍匐至此,以求得到感化和赎罪……是的,可是要怎么样才能找到一条进去的路,能够通向六个相连的圆圈(寓意上帝创造世界的前六天)后面神圣的方形空间,而不是直接跳进去呢? 要获得灵性,应该要从一个空间跳进另一个,就像柏拉图所说的,从我们所感知的世界到理念的世界。可是谁能说得清楚这样的跳跃到底是什么呢? 他感觉仿佛落入了虚空,很艰难才从里面爬起来……

这位天才用尽了全身的力气站着,一把抓过男孩递给他的画笔。他开始画画,头仰着,颜料滴在他的脸上,胡子朝天翘着,离天花板只有三十厘米,墙上的灰浆流进了他的眼睛里。他直到晚上才从脚手架上下来,整个人已然精疲力竭;到了第二天拂晓,又总是突然醒过来,借着一根蜡烛的微光急匆匆地套上羊毛外套,又重新爬到冰冷的"天桥"上去。

到了第七天,当他爬上"天桥"的时候,突然之间,注意到画面中间长出了霉点……

米开朗琪罗把大哭的男孩留在脚手架上,自己从平

台上爬下来,又惊又愕,完全无法呼吸。他又一次像梦游般地走向教皇的宫邸,又一次请求觐见:

"博那罗蒂,又是你?"

米开朗琪罗被满心的羞惭压得喘不过气来。他不是害怕自己将要说出口的那些话,而是害怕自己眼中快要溢出来的泪水……;尤其是,他害怕会招致这位急性子教皇的鄙视。

"陛下,我就直说了,"他的声音了无生气。"我说过这门艺术我做不来……"

"不要浪费我的耐心,佛罗伦萨人!"

"陛下,我做的一切都受潮霉变了。如果您不相信我,您可以派人去看。"

教皇一下子就来了兴趣,让人找朱利亚诺·达·桑加罗去查看损坏得有多厉害。与此同时,他挥挥手让米开朗琪罗到宫邸的前厅待着,那里和礼拜堂一样冷得近乎要结冰。

桑加罗不到一个小时就回来了,脸上带着笑容,神色轻松。他拉起米开朗琪罗,把他推到了教皇的御座前:

"陛下请放心,一切都很好。米开朗琪罗用的石灰里面加了太多水,只要晾干了就行,空气会把霉斑消掉的。"

尤利乌斯二世看起来松了一口气,却又发起了火:

"佛罗伦萨人,你是在找借口推脱你的工作吗?"

听到尤利乌斯二世说出自己家乡的名字,米开朗琪罗一下提心吊胆起来,佛罗伦萨对这位战神教皇来说就像是"法国的同盟"。他又一次跪下,而教皇也又一次像往常一样伸出戒指让他亲吻……

回到脚手架上,桑加罗也来了,在教皇面前重新得宠让他满心欢喜:

"米开朗琪罗,往你的灰浆里多加点大理石灰,它才能干得更快!这可不是在佛罗伦萨。这里的石灰也完全不一样。然后,再来一阵北风……"

桑加罗回来可不是单纯为了做好事。就像他预想的那样,他接不到任何工作,手下的学徒又离开他去投奔布拉曼特了,他觉着很难再回到佛罗伦萨了,这才又回到了罗马。而米开朗琪罗,一等壁画干透,太阳升起,就可以赶上进度了。不出一个月,废寝忘食之中,他画好了《大洪水》,里面暗藏的激烈对抗让尤利乌斯二世喜出望外:

"我的孩子,这是真正的奇迹。你从来没经历过战斗的痛苦,是怎么能这么好地表现出战争的?"

米开朗琪罗没有回答。他沉思着,指着自己过早地布满皱纹的额头……

对他来说,他的脑子就像是能点石为金的炼金炉。一天晚上,他思绪翻腾,无法入睡,写下了这样的诗句:

> 如果我活着,尽管有如那灰和烟,
>
> 抵挡住火便是永恒
>
> 因为我被金而非铁而锻造。[10]

他是天选之人,却也是受罚之人,在人群之中,流传着他无法生育的小道消息……

尤利乌斯二世若有所思地走出了礼拜堂。他想起了拉斐尔[①],后者过着常人近乎无法想象的奢华日子,有一位极美的妻子,家里围着一群佣人和奉承他的人,还有自己的画室……如果米开朗琪罗也像他一样,屈服于这种社交的伪善和宫廷的阴谋,他也会过着和这个新近的对

---

① 拉斐尔和布拉曼特一样来自乌尔比诺,由后者引荐给尤利乌斯二世。

手一样的生活了……

＊

米开朗琪罗觉得一间昏暗的砖房就够了，即使窗户上都没有窗帘，整间屋子里的家具仅有一张草席和一张工作台。他活在别处，活在他笔下的那些人物当中。在一笔笔画出这些人物的过程中，他感觉自己也得到了重生。在他作画的高台上，他是神和鬼所湮灭之处，是无所不能的"眼"，可以照亮世界或使之陷入黑暗……

这种隐士般的生活全然是他自己的选择。当枢机主教朱利奥·德·美第奇（未来的教皇克雷芒七世）念在他在美第奇宫邸度过的童年时光，想要保护他不受布拉曼特的攻击的时候，米开朗琪罗拒绝了：

"可是，说到底，米开朗琪罗，"朱利奥主教费尽口舌，"在罗马，重要的是行动！应该让人把你送到我的宫邸来，要不然布拉曼特和拉斐尔可就要打败你了！"

米开朗琪罗注视着朱利奥俊俏的面容，眼神中带着同情：

"主教的好意让我感动。但他不能将与我的命运毫不相关的惬意生活强加给我。我是来自另一个世界的人。"

米开朗琪罗当时三十四岁。他在诗句中嗟叹着短暂的激情：

> 我幸福地活着，
> 只要获得它，爱情，
> 从抵抗到为你疯狂！
> ……[11]

可是这首诗是给谁的呢：是一个美得使他心神不宁的人吗？米开朗琪罗拒不见客。晚上回家时，他全身都溅着颜料和灰浆的粉尘。家徒四壁，他听见阵阵冷笑：人们都把他当作疯子！这个不断受到威胁的索居者，这个掌控着自己命运大船的人，这个把自己蓬勃的生命融入作品中的创造者，是怎么有同等的兴趣，或者时间贡献给性呢？对于性别，米开朗琪罗将其理想化了：他在各个故事的角落处，都用正面的视角突出裸体青年像，这些比真人更具生机的非凡存在，又有谁可以与之媲美？

在绘制裸体青年像的过程中使用了翻转纸版画①的手法之后，米开朗琪罗把他们画得各不相同，呈现出人类面对不可避免之事时的不同姿态。就像在他们脚下玩耍的小天使表现出的天真无邪一样，人类在令人不安、恐惧、疑惑或沉思的消息面前，也是毫无抵抗之力。

最开始的时候，米开朗琪罗只是把这些裸体青年像作为一种平淡无奇的技巧，用来修饰画面的高低变化。但不久后，米开朗琪罗发现他们是如此强烈地刺激着自己的想象力，以至于完全战胜了他的抵触。

作为画家极想绘制的对象，这些裸体青年是难以捉摸的。从这个词（ignudi）的字面来看，他们强行剥离了一切肉欲，阉割了他们的创造者。

不过，米开朗琪罗在其中同样看到了以相反的方式呈现的自画像。这些仿佛有血有肉的躯体，有着他所没有的美。但是，凭借一点儿视错觉的小把戏，他们仿佛让

① 这种手法仅仅用在《大洪水》周围的裸体青年像中，构成了完美的对称效果。正是因为这种手法的过渡性，以及边上的两幅故事（《诺亚献祭》和《诺亚醉酒》）的高低层次区别，人们才找到了《大洪水》是被首先绘出的证据。

一切都往后退了：不光是穹顶上的故事；不光是画家所想象的迷失在地板上的迷宫里的参观者；而且还是像被赶出了天堂的画家本人。

就像正在看着无字之书的撒迦利亚和晚些才会被绘制出来的约拿一样，这些裸体人像也属于这位自傲的"天才"和枢机主教朱利奥·德·美第奇交谈时所提到的"另一个世界"。只有"美好肉体"才能说明那个世界的存在，他们以可感的方式象征着纯粹理性的真理，却也是一道高深莫测的屏障，把画家本人也隔离在外。

虽然他们有着突起的肌肉和明显的阴茎，这些裸体青年像，却和凤凰一样，是"雌雄同体，或非雄非雌，又或是雌雄莫辨"。尽管因为既是为他们提供精子的"父亲"，又是孕育他们的"母亲"，米开朗琪罗与他们相像，他却觉得自己在他们奇异的目光中，被放逐在"两个世界之间"，就像是他在神秘的《曼彻斯特的圣母》中呈现的折翼天使一般。

许久过后①，米开朗琪罗在一首致卡瓦列里的十四行诗中，用极其清晰的方式记录了他在 1510 至 1511 年间所隐约感受到的这种纯洁主义，一种可以溯源到希腊神话的思想：

> 在这幸福的命运中，
>
> 当福玻斯②拥抱着山丘，
>
> 如若可以，我怎能不从地面起飞，

---

① 大约到 1540 年。

② 引用了赫利俄斯－福玻斯（太阳神）的神话，这是所有古代神话的源头。奥维德的《变形记》（主要讲述了一场诞生了新世界的大洪水）和柏拉图的《蒂迈欧篇》里都看到这个神话的详细记述：福玻斯的私生子法厄同不顾父亲的禁令借用了太阳车，引发了一场宇宙间的大灾难，这场灾难与《圣经》中人类堕落的传说相似。

> 用翅膀寻找着温柔的死亡。
>
> 然而我失去了它……
> 它的羽毛拼起了我的翅膀，山丘
> 我的梯级，太阳神将其置于我的脚下。[12]

而在此时，米开朗琪罗正在竭力绘制充斥在他的想象中的三百个人物：

"你得画上四十年！"他休假回佛罗伦萨的时候，他的朋友格拉纳奇，向他耸了耸宽大的肩膀如是说。

*

米开朗琪罗只用了一年半就画出了穹顶的一半。因为他有恐高症，他的一个学徒按他画的图样做了一个新的平台，好让他能坐着工作。他离天花板仅仅只有几厘米，得张着嘴才能呼吸……就好像他能跟古埃及的贪吃神一样吃掉他创造的这些生灵似的！这样的姿势无疑是种折磨：他弯着脖子，膝盖折向身体，尽可能地不吸入大理石灰……

一天早上，米开朗琪罗试图读博纳罗多的信，却完全看不见。他闭上眼睛再睁开，眼前仍然是一片模糊……他不光驼了背，长了肚腩，也不光脸上过早地刻上了皱纹，随着他的艺术日臻成熟，他也要变瞎了！

这是又一次的折磨和伤害。1510 年给父亲的信中，他用自己的失明——还好只是短暂的——来指责他的一个学徒是如何不能干，以至于让他"如畜生一样不幸"……

也正是在这个时候他写出了这首精彩的十四行诗，
谐谑地描述了自己工作的状态。他把这首诗送给了自己
的朋友皮斯托亚的乔凡尼①。这种不落俗套的讽刺使人
觉得这首诗仿佛是出自维永②之手：

> 为了这差事，我像是得了大脖子病，
>
> 像那些到了伦巴第，
>
> 或别的什么地方的猫被那儿的水弄的，
>
> 我的肚子被迫直指向我的下巴
>
> 我的胡子向着天，我的头颅靠着佝起的背，
>
> 我的胸膛变得像那怪物的一般，
>
> 然而画笔，在我脸上滴下颜色，
>
> 形成了富丽的图案。
>
> 我的腰缩向腹部，
>
> 臀部变成了维持平衡的秤砣，
>
> 失去了眼睛的指引，我盲目地挪动着脚步。
>
> 我的皮肉在前身拉长，
>
> 在后背起了褶，
>
> 身子弯得像是一张叙利亚的弓。
>
> 全因这样，我智慧的判断
>
> 四处横飞，错漏百出
>
> 正如我们用一根弯曲枪管没法好好射击
>
> 从此以后，乔凡尼，

---

① 来自佛罗伦萨附近的皮斯托亚的一位画家，

② 译者注：维永（François Villon，约 1431—1474），或译维庸、维龙，中
世纪末法国诗人。

来守护我这了无生机的画作

和我的自尊，因着我发现

这里完全不是我该待的地方，

我不是一个画家。[13]

到了 1510 年 9 月，这位隐士久久地盯着天花板上流泻出的那道光的湍流，各种颜色是如此温柔[①]，在其中交汇旋转，照耀着赤裸的躯体……穹顶的前半部分终于完成了！

*

重新出征之前，尤利乌斯二世前来为他的作品赐福，并且要求马上把"他的"画家这幅半成品向公众开放。教廷里的所有人和梵蒂冈的艺术家们都赶来了。拉斐尔，出色的模仿者，毫不犹豫地就把上面的男女先知像用到他在和平圣玛利亚教堂的湿壁画里面。布拉曼特试图让教皇把另外一半的穹顶赐给他，但教皇拒绝了这个愚蠢的提议：米开朗琪罗的天才已经征服了他。

米开朗琪罗从平台上面慢慢地下来。他才三十五岁，看起来却像是比这老了十岁。他需要休息一会，然后就得动身去博洛尼亚向教皇讨要那笔必不可少的钱：他得付工人们钱好让他们把脚手架挪个地方，但他身上连一点儿过活的钱都没有了！从他 1509 至 1512 年间的书信里可以看出他的家人对他永无休止的压榨：

他在斯特罗齐银行工作的弟弟博纳罗多，扬言米开朗琪罗欠了债，一直纠缠他。另一个弟弟乔凡·西莫尼

---

① 以至于让我们想到《创造夏娃》里面上帝那件浅蓝色的长袍！

让他给自己一笔钱做生意;还有一个弟弟吉斯芒多讨了他在佛罗伦萨附近那些闲置的土地……他们对他毫无感激,反倒得寸进尺,恬不知耻地打算榨干米开朗琪罗放在佛罗伦萨一个银行里的资产。他们不断地威胁和痛骂米开朗琪罗;但这一切都是白费功夫。

不过,米开朗琪罗在 1509 年 1 月给乔凡·西莫尼写了封信。他的这个弟弟已经三十出头,为了钱竟能虐待自己的父亲:"……此刻我断定你不再是我的兄弟;因为如果你曾把我当兄弟,你就不会野蛮地对待我的父亲。你更像是一头畜生,而我也将如对待畜生一般待你……"

两个月后,就像复仇的上帝,他再次发火了:"……如果有必要的话,我可以把你那样的人,就算是成千上万个,撕成碎片——所以,放聪明点吧!"到了秋天,他又写信给吉斯芒多:"我极少能够舒舒服服地吃上一顿饭。别再和我说那些痛苦的事了;因为我已经不能承受哪怕多一点点的痛苦了。"然后轮到博纳罗多,他最喜欢的弟弟,少年时他曾经和这个弟弟睡同一张床:"我很想知道,你有没有认真对待从我在新圣玛利亚银行的账上支的两个杜卡托金币,还有我寄回家的几百个金币。你以前从未了解过我,现在也不理解我(……)但只有到你失去我的时候,你才会意识到这件事。"

*

因为月食而在博洛尼亚停留的尤利乌斯很勉强地给了米开朗琪罗极少的金币:他正忙着和费拉拉打仗,一场将在 1511 年 5 月以惨败告终的战役,到那时他将被迫匆忙地逃离博洛尼亚。

回到罗马之后,这位基督的代言人决定马上召开本来应该在 1512 年开的拉特朗大公会议。然而战场似乎损害了他的健康。他染上了疟疾,人们说他快要死了……这实在是太不了解他了:这位天生的强者,只用了几天就恢复了健康。这对来自意大利各处,聚集在罗马,准备要选新教皇的枢机主教们来说无疑是一种嘲讽。

无论如何,西斯廷的工程在 1511 年 2 月重新开工了。1 月的时候,尤利乌斯二世成功地腾出了他的时间和一部分本来是要用于军队的资金:他给米开朗琪罗拨了一笔钱。这笔钱的确足够把脚手架支起来,但是画家还是不停地哀叹着他在财务上的窘境,他要买颜料和材料、给两个帮手付工资……还要喂饱他自己。

他用了一年半来画穹顶的前半部分,用了差不多一样多的时间来完成另外一半(1511 年的 2 月到 1512 年的 10 月),在这期间每天工作十七个小时。所有人都为他喝彩,惊讶于他竟如此迅速地完成了如此浩大的工程。

然而,1512 年 10 月 31 号,尤利乌斯二世将穹顶公之于众的那天,米开朗琪罗却感到了深深的绝望:

"这个作品还没按照我所设想的那样画完,"他和自己的传记作家康迪维坦白道,"我被教皇催得没有办法。"

至于原因……在他绘画的时候,教皇三番五次地从他专用的那道用木楔钉住的梯子爬上天桥,打断他的工作。米开朗琪罗只得放下画笔,在破布上使劲擦了擦手,再向这位老人伸出这只脏兮兮令人厌恶的手,好帮他爬到平台上来。

"博那罗蒂,你还没画完这个礼拜堂?"

"哎呀,还没有,至圣圣父!"

在更为典雅的用色、巧妙的细节和大胆的画风面前,尤利乌斯丝毫不为所动。他甚至没有注意到在《原罪和逐出伊甸园》里,那条蛇是个女人。他小声抱怨道:

"该死的佛罗伦萨人!"

米开朗琪罗画出了亚当神圣的姿势,他的手指和神的手将永远是分开的,尤利乌斯完全没看见。米开朗琪罗为了表现创造世界的三个阶段中旋转的动态竭尽全力,他竟敢让上帝从空间和时间的尽头出现……尤利乌斯也完全没看见。

米开朗琪罗让康迪维保证不把他的话传出去之后,压低了声音,在他耳边小声地说:

"'上帝按照自己的样子创造了人',马尔西利奥·费奇诺曾经和我说……如果你好好地想想其中的细节,你就会明白这句来自圣经的话最深层的意思:'人就是上帝',这就是它要告诉我们的。"

"你难道想让我把这么一句渎神的话写在《米开朗琪罗的一生》里面吗?"阿斯卡尼奥·康迪维微微笑着,目光短浅的他,用像是在做梦的目光打量着米开朗琪罗。

"在我的笔下,上帝是一个好看的老者,他变得有人性了,如此有人性……而尤利乌斯全都视而不见!他脑子里想的都是别的事情。"米开朗琪罗继续说道,"他想着博洛尼亚的危险局面,想着法国人的威胁,想着西班牙,想着当皇帝的事情。他不可能在所有的前线作战!而且他已经年近七旬,他能感受到力量正在离他远去……一起远去的还有他的财产!有人说他在从博洛尼亚回来的路上,典当了自己的皇冠,拿到了四万个杜卡托金币……"

一天下午，教皇比往常来得早了些，那根精雕细琢的权杖在地砖上戳着，响声让人提心吊胆。他裹着华丽得像是嘉年华上才会穿的衣服，怒气冲冲，像疯子一样爬上梯子，不止一次差点掉下来。

"佛罗伦萨人，我们什么时候才能弄好这个礼拜堂？"

与其说尤利乌斯讲出了这句话，不如说他像一头野兽一样咆哮着，用蔑视的眼光打量着"他的"画家……

"当我能够的时候。"米开朗琪罗干脆地回答道，一点儿也不客气。

"当我能够的时候！当我能够的时候！"教皇戏谑地模仿着米开朗琪罗的语气，暴跳如雷。

"当我能够的时候！"他用沉重的手杖敲打着这个叛逆者的肩膀……

这两个人互相盯着对方，就像是被彼此身上的那种骇人的威严震慑住了。米开朗琪罗一言不发，指着梯子的第一级示意圣父下去。

尤利乌斯二世气得满脸通红，一边走一边喊道：

"你会知道的，佛罗伦萨人，这里可不是你说了算！你想让我叫人把你从脚手架上扔下去吗？滚开，见鬼去吧！"

这位基督的代言人几乎一字不差地重复了他在赛斯宫辱骂那个主教的话。人们后来找到那个主教的时候，这个倒霉的人浑身是血，身体半裸着……唯一值得庆幸的是，所有人都松了口气，他没被吊死在窗户上。

"于是，"米开朗琪罗继续温和地跟康迪维说道，"我的自尊受了伤，又为自己的性命担忧，我赶紧爬下梯子，跑回家收拾了几件衣服，用最快的速度回佛罗伦萨了……"

"可是你是怎么毫发无伤地摆脱这件事的呢？你甚至都没有离开罗马！"

"不。阿尔库西诺，教皇的信使，你知道的，那个让教皇对他千依百顺的年轻俊俏的男子，他来敲我的门，带来了五百个杜卡托金币，还向我转告了教皇的歉意！"

"然后呢？"

"然后我就妥协了。我拿起笔，给我父亲写信，说我快要完成礼拜堂的壁画了，教皇很高兴，但这个时代对艺术不甚有利。"

教皇让人把"天桥"拆了。他决定诸圣节那天在西斯廷举行弥撒。

在脚手架已经拆除之后，他曾经提议让米开朗琪罗在上面按惯例加上一点金色：一个要在里面选出教皇的礼拜堂不应该显得如此寒酸……

"圣父，"米开朗琪罗随意地回答道，他对重新建起"天桥"这个主意一点儿也不感冒，"那些时代的人们都是圣人，圣人可是对财富不屑一顾的！"

*

诸圣节前夕，所有的达官贵人都身穿华服，聚在祭坛前面，等待着揭幕的仪式，他们像康迪维一样，他们既心怀仰慕，又目光短浅。

站在门口，他们可能可以看得更清楚些，除非他们自身的成见，像从外面进来的时候那道光的源泉一样，让他们睁不开眼。

在穹顶的中线上——从祭坛的中心往上，在世界万物的高处,那条线从约拿的肚脐一直连到撒迦利亚平静的脸部,他正低头看着无字书——人们能看到什么呢?非常小,却真真切切的,甚至可以说是在发光的,诺亚的儿子勃起的阴茎。

那么,下方的约拿正惊恐地盯着什么呢?是他的头顶上穿过黑夜出现的造物主吗?还是前无古人后无来者地出现在教堂里的这个让人发窘的器官呢?

坐在先知丹尼尔左边台座上的一个"惊奇"裸体青年把头转向信众们,摆出十足看热闹的姿态,让我们见证这一切。

"这件作品真的是现代艺术的火炬",人群中的传记作家瓦萨里极其认真地说道。让我们抛开那些含糊的文字游戏:礼拜堂这个非凡的穹顶本身就是一个迷宫,而又用它的方式重新创造了大理石地面上的另一个迷宫:六天,再加上诺亚三部曲这组不合时宜的故事。盯着看久了之后,这条"路径"就开始动起来,像一个形式和本质都让人眼花缭乱的游戏……

神在哪?鬼在哪?勃起的生殖器究竟代表着我们的救赎还是我们的诅咒①?无字之书又是什么意思?同样的问题也要问那些无所畏惧的女先知和沉思的男先知们:米开朗琪罗留下了一个谜语,又或者可以说是一个有无穷多个回答又或是无解的问题。他让我们必须要跳进难以想象的纯粹灵性空间或柏拉图式的纯粹理念空间,在这些观念中,对"美好的肉体"的崇拜是启发性的第一步,而生殖器则可能说出了,在《诺亚醉酒》中除模糊地暗

---

① "惊奇"裸体青年和约拿的脸都难以让人相信这只是艺术家一个简单的挑衅……

示有同性恋之外,还隐含着对于原始的双性恋的向往。

这个"推倒了神殿的墙壁①"的灿烂光芒,米开朗琪罗让它成为自己最杰出的代表作。他反复地说着:它所提出的,是心灵的图像——它对抗着我们的理智。

弗洛伊德将可能会给予回应说,米开朗琪罗早在几个世纪前,就已经表现出了一种古老的生和死的直觉间的抗争……

---

① 启示录中表明的要求:在救世主的耶路撒冷将不再有神殿。

陵墓的诅咒

　　时值 1512 年秋天，米开朗琪罗几乎没想过要休息。他也没有时间休息，毕竟他终于可以开始雕刻了！这是他的一生中为数不多的幸福的瞬间。他回到了他六年前堆在圣彼得大广场的工场里的大理石前，打量着那些石块……他在为《利比亚的女先知》准备的习作里，已经草草描出了将来会放在这座纪念碑底部的《奴隶》……

　　"我很好，"没有任何附加的解释，他在给父亲的信里表明，"而且我在工作。"一个字也没有提到 1513 年 2 月尤利乌斯二世的逝世。

　　这个和他极像的人突然辞世，对米开朗琪罗来说无疑是沉重的一击。直到多年以后，他才敢去回忆教皇那可怕的愤怒和孩童般狡黠的眼神。

　　"乔尔乔，"近半个世纪之后，他对愣住的瓦萨里说道，"我受不了你这个耶稣的家谱了。我们能不能谈谈他的代言人呢？一切追根溯源也就回到他身上……"

　　"你想说什么呢，米开朗琪罗，"他的朋友轻声地问，"你该不是想说尤利乌斯二世是耶稣的化身吧？"

　　"当然不！我说的是西斯廷的穿顶。这完全是尤利乌斯决定要画的，尽管我们在主题上有分歧……他那脾气！我能预想到他哪怕最小的一点儿情绪，我为之发笑，可我还是如此爱戴他！"

这位雕塑家不喜欢吐露衷肠。他站起身，两手交叉，双眼低垂，对身边这位不时让他恼怒的矮个子传记作家露出亲切的微笑，仿佛正在和上帝本人说话。他又突然走开了，眼中充满了泪水。

*

然而，在弥留之际，尤利乌斯二世却做了一件让米开朗琪罗认为是降罪于他的事：他的确让他的遗嘱执行人，枢机主教洛伦佐·普奇和莱昂纳多·德拉·罗维尔（都是西施德四世的侄子）留给这位艺术家一万个杜卡托金币。这一笔巨款来得正是时候，米开朗琪罗终于可以给自己买一个按照自己的要求定制的画室了。然而这一万金币不是光用来补偿他在西斯廷礼拜堂的穹顶下度过的那些年头……还包括了建造教皇陵墓的报酬！这两位主教在尤利乌斯临终前向他发誓会在他死后的七年中监督这座陵墓修建完成……这个期限就像一个诅咒一样跟随着米开朗琪罗，直至生命的尽头。

为了试图忘记这份遗嘱的重负，米开朗琪罗在图拉真广场附近的 Macello dei Corvi 街区①给自己买了一幢有花园的大屋，他住在那里直到逝世。他把它布置得很舒适，从佛罗伦萨弄来了最为名贵的织物，雇了佣人，每

---

① 城乡接合的街区，靠近图拉真广场。Macello dei Corvi 已经不复存在，但埃蒂安·杜贝拉克（Étienne du Pérac）的雕塑（16 世纪中期）对其非常细致地加以了描绘。

135

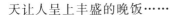

天让人呈上丰盛的晚饭……

人们的传言把"天才米开朗琪罗"变成了一个他想要去维持的传奇。谁还会记得那个近乎"发霉",从礼拜堂里颤颤巍巍地走出来的穷鬼呢？人们小声嘀咕说这位雕塑家出门就像王子一样骑着一匹高大的雄马,身上裹着天蓝色的绸缎大衣……

事实上,米开朗琪罗仍然过着隐士般的生活,身边围着他的猫,他的母鸡,还有三个佛罗伦萨来的助手陪在他身边。用着让人从圣彼得广场运过来的大理石,他沉浸在雕塑之中,刻着他所想象的陵墓上的四十几个人物。

一段时间后,他估摸着工程量将十分浩大,于是请来了一些雕刻工人、铸工和木工。在他的指挥下,他们在他的院子里没日没夜的费力建造着陵墓的正立面。仅仅是上面的人物就花了他好几年的时间！

1513 年 5 月到 1516 年 7 月,他首先完成了《反抗的奴隶》和《垂死的奴隶》,它们是直接从西斯廷的裸体青年中获得的灵感,各自表达了面对死亡时的一种态度。与真人大小相仿的《垂死的奴隶》身上的肌肉并不明显,因为优美的姿态,他显得更瘦弱。他似乎已经自我放逐在但丁《天堂》中温柔的遗忘河里。而巨大的《反抗的奴隶》在呈现上更加粗糙,让人不禁想起《拉奥孔》里绝望的反抗。

比《大卫》更加高大的《摩西》,纯粹是受到了多那太罗《圣约翰像》的启发,充溢着比所有的先知像都更为深刻的骇人威严。他同时表现了意志、天才以及权力；还有将怀中小心抱着的法版传递给普罗大众的特权。上帝选择使其化身的,是《启示录》中万能的启示者,是执拗的尤

136

利乌斯二世,是不可征服的米开朗琪罗,是霸气的洛伦佐大帝,也是这个英雄的佛罗伦萨共和国,一个雕塑家可以将之与圣城耶路撒冷相比拟的国度,在那里上演着一出永不停歇的悲剧……坐姿的《摩西》超过两米高。要决定好整个雕塑的主要线条,平衡好石块上那些仿佛在静止中带出动态的突起部分,他将要用上几天几夜,晚上只能靠纸帽里微弱的烛光照明。

有时候,米开朗琪罗会扔下那顶随手做出的帽子,躺倒在白色的灰尘堆里。半梦半醒之间,他想象摩西有着一张像战神教皇一样轮廓粗犷的脸,想象他把诅咒投向佛罗伦萨,驱逐了索代里尼和领主议会里那些崇拜着金牛犊的成员,再建立一个新的议会,由枢机主教朱利奥·德·美第奇[①]来统领……

简直就是翻天覆地的变化!米开朗琪罗坐在花园里,手里拿着蜡烛:他又看见高大的利奥十世(乔凡尼·德·美第奇),他刚刚才在主教会议上当选,带着三重冕的样子是如此的滑稽。他骑在马上,身子左右摇晃,经过佛罗伦萨移民们建立起的凯旋门下时,差点就摔下马。美第奇家族的第一位教皇!如此年轻(仅仅三十八岁)却已经如此丑陋!

米开朗琪罗跟在教皇身后。利奥十世,可真是一个非凡的"动态模特"!如果他敢的话……这位教廷的君主笨拙地下了马,然后,非常惬意地,倒在拉特朗大殿的御座里!

---

① 朱利亚诺·德·美第奇的私生子,前者为洛伦佐大帝已逝的弟弟。他将成为教皇克雷芒七世。在此期间,他的表兄乔凡尼(教皇利奥十世,尤利乌斯二世的继承者)颁发谕旨给予了他正统地位。

他的筵席简直和罗马大帝的不相上下！雕塑家在那碰见了惊恐的拉斐尔,他过早地白了头发……1514年布拉曼特死后,这位不幸的画家认为自己和朱利亚诺·德·桑加罗一起,被托付了继续建造圣彼得大教堂的使命。布拉曼特的墙面上有如此多的裂纹,以至于他们必须要把这些墙面连根拆除……这位不幸的"君王的宠儿"对建筑一窍不通……拉斐尔放弃了梵蒂冈客房的工程,仿佛成了这位万主之主手中的木偶,必须庆贺他的节日,还要对他的使者,那些自称和洛伦佐大帝的门客一样博学的使者,在世界各地挖掘出来的罕见手稿发表自己的看法。

*

利奥十世既不是傻子也不是坏人,米开朗琪罗心里这么想。可是真正手握权力的,是那个仅仅三十二岁的男人,他的表弟,枢机主教朱利奥……他,可是更加聪明！对于这个被封赏的陵墓,也不是这么糟:他刚刚从乌尔比诺公爵洛伦佐[①]的领地赶来,后者是尤利乌斯二世的继承人！枢机主教朱利奥有着马基雅弗利式的圆滑手段:洛伦佐大帝的小儿子,温厚的内穆尔公爵朱利亚诺[②]本来是被指定了要接旌旗手索代里尼的班,却被人像棋盘上的棋子一样到处放,变成了"罗马伯爵"！这么一副瞒天过

---

① 皮耶罗二世·德·美第奇的长子,他出生于1492年,而早逝于1519年。他的女儿凯特琳成了法国王后。

② 内穆尔公爵朱利亚诺生于1479年,他并没有比乌尔比诺公爵洛伦佐长寿;他死于1516年。

海的面具！佛罗伦萨很危险啊，朱利亚诺！他有着他父亲那样的高贵气质，佛罗伦萨人都很喜欢他……取而代之的是洛伦佐，那个愚蠢的皮耶罗二世的儿子。比朱利亚诺更好操控的他，被推选成为佛罗伦萨的旌旗手！

"枢机主教朱利奥对我还是有一丝怜悯的，"米开朗琪罗总结道，"利奥十世也是，尽管我不像他一样是个喜欢享乐的使徒。但他已经被权力蒙蔽了双眼，对于他的前任所赋予我的荣耀他感到很不高兴。他是不是想让我当他的仆人，就像被束缚住的拉斐尔一样？"

他刚刚从他的朋友，威尼斯人塞巴斯蒂亚尼·德尔·毕翁伯①那收到一封信，信上没有一点儿好兆头：

"教皇说起你的时候，"他给米开朗琪罗写道，"他仿佛是在谈论他的一个兄弟；他的眼中几乎要流出泪水。他告诉我你们是一起长大的，并表示他了解、爱护你：然而你让所有人感到害怕——包括教皇在内。"

利奥十世看起来想驯服所有人，包括达·芬奇，朱利亚诺将其安排在美泉宫庭院里。他让达·芬奇画自己的肖像，作品却始终没有完成。

"人们说达·芬奇在测试新的颜料。"一位学徒肯定地说。

"才不是呢，他的那些技艺早就生锈了，就是这么回事儿！"边上的人冷笑着说。

"他得了疟疾。"第三个人耸了耸肩，一副听天由命的

---

① 威尼斯画家，较其年幼十岁。他在 1519 年因为《克里斯托弗·哥伦布的肖像画》一作而成名，这幅现存于美国的画作至今仍被视作哥伦布近乎正式的肖像。

样子,断言道。

事实上,达·芬奇被西斯廷教堂的穹顶画深深地触动了,尽管他指责米开朗琪罗过于"戏剧化[14]",却决定要完善自己在解剖学上的知识。于是他安静地沉浸于在圣神医院解剖的喜悦当中。

这个消息让教皇怒不可遏。他威胁要把这个年近古稀的天才逐出教会,又在教廷上嘲笑他的"格格不入"①,让他颜面扫地……

米开朗琪罗非常不安,并且这种不安可不是空穴来风:尤利乌斯二世的继承人,包括这位乌尔比诺的前公爵,是德拉罗韦雷家族的人……他感觉到了来自教廷步步紧逼的谴责,开始了马不停蹄的工作。他派了一个专家去卡拉拉购买和运回巨大的大理石块,他将在上面刻出《胜利》;他又买了数吨之多的铜,用来做装饰框:他必须要在年内完成整座陵墓!

到了 1516 年 1 月,利奥十世在博洛尼亚连连战败,这迫使他不得不和弗朗索瓦一世(或许是巧合,他的胜利是得益于德拉罗韦雷家族的雇佣兵)签订一份和平协议。就在从博洛尼亚回来的路上,他想出了一个主意,印证了雕塑家最为不安的预兆。对圣洛伦佐大教堂的正立面重新装饰的工程开始了竞标,这座教堂位于美第奇堂区,由布鲁内莱斯基建造。而赢得这一竞标的不仅有米开朗琪罗,同时还有雅各布·桑索维诺②、朱利亚诺·德·桑加

---

① 达·芬奇对此全然不在意,他后来在 1517 年受到法国国王的邀请,离开了罗马。他被任命为"法国国王的首席画家",两年后在弗朗索瓦一世的怀里去世,享年七十五岁。

② 佛罗伦萨雕塑和建筑界的重要人物。

罗和巴乔达尼奥洛①。

在一封信中,桑索维诺强烈地抨击米开朗琪罗为了挤兑他的对手而采取模棱两可的态度。这封信让人不禁认为这位坚决要独自工作的"天才",并不总是像他的传记作家们所宣称的那样正直。到 1516 年 10 月,桑加罗的死使得他的"对手"只剩下了巴乔达尼奥诺。米开朗琪罗像是对待不重要的玩意儿一样扫走了他这位前辈的画稿:

"幼稚!"他只是冷笑,回味着这个恰到好处的词语。

"我希望让这个立面成为全意大利建筑和雕塑的一面镜子。"他在信中写道。

显然,面对着这样一件同样雄伟的工程,他已经得意得完全忘记了尤利乌斯二世陵墓的"凄凉的纠缠"!

他马上动身去了卡拉拉,要监督大理石块的开采。石块的数量是如此可观,不光可以装饰教堂的正立面,还足够雕刻陵墓剩下的部分。

他在那里待了一年多,直到 1518 年 2 月,枢机主教朱利奥·德·美第奇给他写了一封信,让他别忘了守规矩。信中公然指控他为卡拉拉人所"收买":

"我们疑心你为了个人的利益而和卡拉拉人串通一气,并且故意贬低彼得拉桑塔的采石场……陛下希望工程完全只用彼得拉桑塔的石块,任何其他地方的石材都不要。"

米开朗琪罗的确和卡拉拉的侯爵有个人的友谊。但

---

① 颇负盛名的佛罗伦萨雕刻师和建筑师。作为"老"安东尼奥·达·桑加罗的学生,他主导了旧宫和领主议会大厅的修复,并且在 1508 至 1510 年担任了主座教堂建造的工程队长。

问题不在于此：当时还没有到彼得拉桑塔去的路！

"开一条就行了。"枢机主教朱利奥冷淡地回答说。

米开朗琪罗回到梵蒂冈的时候受到了热烈的欢迎，对于是主教而不是教皇出来发言，他并不需要任何解释：彼得拉桑塔是佛罗伦萨采石场的一部分，不需要支付大理石的价钱，而只需付人工费……

*

考验接踵而至。卡拉拉的侯爵拒绝交付那些已经开采出来的大理石；到彼得拉桑塔的路建好了之后，开采石块困难重重①，驳船又一直不到佛罗伦萨……采石工和船员们互相串通。这已经可以算是一种提前的罢工了，他们试图用这样的方式来确保自己的垄断地位：

"卡拉拉人买通了所有船老板……我不得不去比萨……我在比萨租的船一直都没到。我想我又被捉弄了：我在所有事情上都是这样的命运！"米开朗琪罗在 1518 年的春天，在给他的侍从和朋友乌尔比诺写信时这么说道。

为了打发时间，他扩建了在佛罗伦萨的房子，又教博纳罗多记账……

到了 1520 年 3 月 10 日，恼怒的枢机主教朱利奥把雕塑家召到了美第奇宫邸。气氛十分凝重，两人在贝诺佐·戈佐利礼拜堂的出口处见面。枢机主教在那里做了一场安魂弥撒，纪念前一年死于风寒、年轻的乌尔比诺公爵洛伦佐，他去世时才二十七岁，仅比表哥内穆尔公爵朱

---

① 我们很难想象在没有平台和支柱的峭壁上是怎么开采石块的……

利亚诺多活了三年。美第奇家族已经没有可以代表他们的正统子嗣了。

枢机主教面无表情，语气冰冷。他高大的身影庄严而冷漠，映在了礼拜堂前的空地上：

"我不得不稳住佛罗伦萨政府，而现在就是在占用我宝贵的时间。总而言之：我们已经决定和你解除 1518 年签的装饰圣洛伦佐教堂的正立面的合约。"

教皇已经走远了，而一群得力的朝臣也使旁人无法靠近教皇……

四年的时间就这样付之东流！而尤利乌斯二世的继承者们还对他紧追不放！

> 我不去和枢机主教计算我在这里浪费的三年。我不去计算我因为这个圣洛伦佐的工程受到了怎样的摧残。我不去计算这巨大的侮辱……这一切可以这样去总结：利奥教皇把采石场连同那些裁好的石块都收回去了；我只剩下手里的五百个杜卡托金币，以及人家还给我的自由。[15]

米开朗琪罗回到了佛罗伦萨的住所，沮丧至极，内心十分怨恨自己。他木然地给罗马的银行家梅塔洛·瓦里刻出了死气沉沉的《米涅瓦基督》……他只剩下两百个杜卡托金币了！还有这个已经预先给他付过钱的陵墓！

雕塑家谢绝了一切访客。他把自己关在屋里，一起关着的还有四个《俘虏》，他希望从囚禁这些俘虏的大理石中同时把他们解放出来：这四个巨人（接近三米高）难道不是会在陵墓上一起表现出永恒重生的轮回吗？

这些《俘虏》仿佛正在与粗糙的石块做斗争，使人印象深刻，但它们始终没有完工。在放弃圣洛伦佐礼拜堂立面工程之后不久,教皇和枢机主教朱利奥通过他在佛罗伦萨的朋友萨尔维亚蒂①的调停,给了米开朗琪罗建造佛罗伦萨圣洛伦佐礼拜堂新圣器室的任务:至少是要雕刻长眠着洛伦佐大帝和他的弟弟朱利亚诺的两座陵墓。

接下来的几个星期,米开朗琪罗在教皇的坚持面前都表示了抗拒。他想到了他欠尤利乌斯二世的债,欠洛伦佐大帝的债,他一想到他要面对德拉罗韦雷家族的继承者就害怕得全身发抖……于是他最终还是接受了。拉斐尔去世了,年仅三十七岁,这个消息让他惊呆了:

"我们几乎完全不喜欢对方,"他陷入沉思,"然而……他就像流星一样燃烧了自己:最后这五年里他画了宗座宫的凉廊、火灾厅、法尔内西纳别墅,建了玛达玛庄园,参与了圣彼得大教堂的建设,还创办了意大利最具盛名的学校……"

雕塑家在地上比画着生命流逝的短暂,又比画着对死亡永不停歇的对抗,就像《拉奥孔》那样,对抗着与"真正的"生命相反的死亡。真正的生命,又是由什么组成的呢?是屈服于一位刚愎自用的教皇的继承人的压迫,抑或是完成这个重新让他焕发活力的新任务?

把一封给教皇的信交给萨尔维亚蒂之后,米开朗琪罗走进了圣洛伦佐礼拜堂,那里一直都在施工。圣器室的墙壁还没砌上装饰面。他想象着塞茵那石倒映的光泽,这种对于他来说,能够打开世界的"时代之光"。

塞茵那石……陵墓上的白色大理石:一道能打破这个圣器室四壁之限的光,米开朗琪罗想着。毕竟我已经

---

① 他们的友谊从在基尔兰达约的画室时就开始了。

成功地用那对建筑学和雕塑致敬的绘画，使西斯廷教堂的墙壁都流动起来！

联想又一次在他脑中不断闪现："一切都是虚无"，这无疑是撒迦利亚的书中所言，那本书白得如同初升的阳光，又如从尼罗河飞出的神鸟……米开朗琪罗又一次回到了在那些无声的女先知和捉摸不透的裸体青年背后的九个故事当中：他应该，再一次地，打破幻想的界限，在表象之下呈现出那些常人难以想象的东西，这是他的使命！

"柏拉图曾说，"米开朗琪罗总结过，"艺术是一种'模仿'。我把自己献身于复制自然的语言。生和死，昼与夜，这种相互对立的循环往复将重新回到彼方的世界，在那里我将使人不禁'跳跃'，就像在迷宫的方阵当中一样。在生命之上，在死亡之上，有……有……"

就像这样的是一个夜晚，米开朗琪罗意尽词穷，他将写道：

> 我生于我的死亡，而如果，如同我看到的一样
> 我所经历的幸福全在我不幸的命运中；
> 那些不知忧愁、不惧死亡的人们，
> 就来自这拥抱和吞噬我的火。

弥留之际，教皇又追加了两个陵墓的任务：内穆尔公爵朱利亚诺和乌尔比诺公爵洛伦佐的陵墓。迫于时间的压力，米开朗琪罗只完成了这后两个。

*

米开朗琪罗画了好几个月的草图，一直到 1521 年的

秋天。他从朱利亚诺公爵的石棺①开始,想要在上面放两个寓意形象:《昼》和《夜》;而在洛伦佐公爵的石棺②上,则是另外两个象征形象:《晨》和《暮》。在陵墓上方的壁龛里,是两个与人等高的高度理想化的雕像,分别是年轻的朱利亚诺(象征着活泼的生命)和他的表哥洛伦佐(象征着沉思的生命)。两座雕像将同时看向对面墙上的《圣母与圣子》。

就像《利比亚的女先知》一样,这些寓言雕像也是用了男性模特。这些巨大的雕像在石棺上侧躺着,使后者显得要更小些。《夜》的脸浸在阴影中,头冠上嵌着月亮和一颗星星;她靠在一张写满了悲情的面具上,仿佛即将要跳起来。《昼》只从大理石中露出一部分。《晨》温柔地把身子转向到来的信徒,仿佛要他们来见证她的忧愁。而至于《暮》,这位年长者在石棺之上流露出悲哀却隐忍的目光。

就像在西斯廷的穹顶上一样,米开朗琪罗预料这些人物会比来访者显得更加真实。整个陵墓的结构,连同立柱、三角楣、壁龛和变化多样的高度和深度,将再次玩弄着形式和本质的定律。雕像会往前,而陵墓会往后退……

参观者们将完全被吸进仿佛像太阳一样投射着光线的圆形穹顶③里,仿佛从这个无窗无门的密室中逃离了出

---

① 在 1531 到 1533 年间雕成。

② 完成于 1524 年。

③ 基于米开朗琪罗的设计稿,在他的领导下建造的建筑内部及穹顶将在 1524 年完工,但直到 1532 年才由克雷芒七世(前枢机主教朱利奥·德·美第奇)颁布谕旨指定在其中进行纪念仪式。

来（用视觉陷阱技巧画在墙上的窗户在底部被加宽,以加强透视上的纵深感）。

整个工程将会分几个阶段进行,不过是在一段长达二十二个月的插曲之后[①]:

12月1号,利奥十世在一次打猎回来之后因为重感冒而病逝。新的教皇,亚德六世,之所以被选上,是因为他是查理五世的家庭教师,而后者正在对梵蒂冈造成越来越大的威胁。

亚德六世决心要弥补利奥十世的过错:他把乌尔比诺的封地还给了德拉罗韦雷公爵,并且同意了他们家族起诉米开朗琪罗的要求。四十七岁的米开朗琪罗被没收财产,在公众面前名誉扫地,被当作"窃贼"看待,以至于再也没有人愿意雇他干活:他感觉自己"完蛋了"。

然而他迎来了厄运中的转机:亚德六世当选教皇二十二个月之后,在1523年10月离世。

在两个月的讨价还价和谈判之中,四十二岁的枢机主教朱利奥·德·美第奇当选了教皇,被称为克雷芒七世。鼓号齐鸣之中,他优雅而近乎轻盈地穿过佛罗伦萨的凯旋门,缓缓地举起戴着手套的手祝福人群,他们的头顶上,撒下了许多金币。他动作敏捷地下了马,头上戴着那顶高贵的鲜红色三重冕,迈着威严的步子走向拉特朗宫……

米开朗琪罗跟在教皇身后,就像十年前一样。克雷芒七世仿佛与他的表兄利奥十世完全相反:他深谋远虑、处事果断、意志坚强、英明机智……而且还真诚地喜爱他

[①] 在此期间,为洛伦佐大帝及其弟弟朱利亚诺修建石棺的计划被放弃了。

这位"情同手足的伙伴"。自 1524 年 1 月初以来,他就把雕塑家召到他在梵蒂冈的私人住所里:

"米开朗琪罗,我看到拉斐尔的这些房间的时候,和你的心情是一样的。他已经飞到天上,不再与我们同在了……美酒、美人,都不过只是表象而已……本质上,他和你是相像的,就像达·芬奇一样。这就是为什么你们彼此不喜欢对方。"

米开朗琪罗摸不着头脑:教皇把他叫来仅仅是为了夸拉斐尔?

"米开朗琪罗,"克雷芒七世继续轻轻地说道,"你不光是和我一起长大,而且你的天资无双。我觉得你获得如此低的报酬实在是太不公平。所以,我决定要给予你每月五十个杜卡托金币的俸禄,直到你离开人世为止。"

米开朗琪罗双膝下跪,就像在尤利乌斯二世面前那样大吃了一惊。他应该唤他的这个新主人"圣父"呢,还是就叫朱利奥?

克雷芒七世温柔地伸出戒指让他亲吻,用有力的手扶他站起身来。

"我已经说服德拉罗韦雷家族让他们收回起诉了。你现在只需要为一个墙面的纪念雕像绘制草图。在我看来,剩下的部分似乎已经有不少进展了……"

"陛下,"米开朗琪罗痛苦地开口了,"陛下应当能理解我实在是找不到合适的话来说了:二十年来,我都活在了这陵墓的诅咒里!"

"放心吧,我的孩子。我还有一个好消息:我给你在圣洛伦佐礼拜堂对面找了一个宽敞的画室。这样你就可以更轻松地进行圣器室的工作了!"

"陛下，我是世界上最幸福的人了。"

克雷芒七世祝福了他，叫来侍从带他穿过长长的走廊。彼时，亚历山大六世曾经在让人在这里吊死过他的客人们……

订单纷至沓来。克雷芒七世甚至用一个私人的委托给米开朗琪罗增添了荣耀：在圣洛伦佐旧圣器室之上建一个新的图书馆。在那里将排放着古代的手稿和稀有的书籍……总而言之，就是美第奇家族财富中的一大部分。

*

在圣洛伦佐礼拜堂里，三层高的墙面支撑着圆穹顶，厚重的壁柱和细瘦的立柱缓缓升起，支撑着半月拱肩和三角穹隅，就像是一棵根系突出的大树，而圆穹顶就是它的果实。这是雕塑吗？是建筑吗？从很久以前开始，米开朗琪罗就不再分开这两个词了。从塞茵那石中，就像从大理石中，生出一副被带往天空的躯体。一副有机统一、左右对称的躯体……

"一个建筑整体中的各个部分，"他在一封没有注明日期的信里这么写道，"都需要遵守人类躯体的规律。那些不精通人体结构的人是不可能理解建筑的原理的。"

带着这样的心情，米开朗琪罗建起了洛伦佐图书馆。它的阶梯如波浪般弯曲起伏，前厅内曲的立柱似乎使它扩张膨胀①,而它的阅览室像是一个在无穷无尽的木板上开放的平台,其中的装潢完全映照着墙壁和庄重的读书台……

米开朗琪罗始终没有完成圣洛伦佐礼拜堂的工程,在那里除了河流之神之外,还应放着洛伦佐大帝的陵墓。同样的,在1534年他也"忘记"让人建好洛伦佐图书馆的楼梯,那个时候的他将在共和国覆灭后离开佛罗伦萨,前往罗马,心中满怀愤怒。

关于楼梯的故事也并不寻常。在去世前不久,米开朗琪罗是这样回答瓦萨里的提问的:

"是的,我记着有条楼梯,就像是在一个梦里,但我觉得它不是当时我构思的那条,因为这可不是一个小工程。"

在他的这位传记作家的追问下,他拿起纸笔画下了这条楼梯。然后他随手就用蜡做出了一个模型,并让人送到了佛罗伦萨去!

---

① 这是古典文艺复兴时期独特的表现,米开朗琪罗雕塑的动态几何以及建筑上的构造对巴洛克艺术和20世纪初的"面条"风格(译者注:指新艺术运动风格)产生了不可否认的影响,萨尔瓦多·达利对此表示十分赞赏。这位著名的"偏执狂批判法"之父是最先强调这种联系的其中一人,并自称"天才"来向米开朗琪罗致敬。

炼狱与重生

　　直到生命的最后一刻，米开朗琪罗都无法忘记轻率的教皇克雷芒七世将意大利推入的那个炼狱。1526 年 3 月，弗朗索瓦一世（当时被囚禁在帕维亚）被查理五世有条件地释放了；他的盟友克雷芒七世随即就把他从"被迫签订的"条约中解放出来。几个星期后，教皇就连同威尼斯、佛罗伦萨、斯福尔扎家族和几个其他国家在干邑组建起了一个意图分隔米兰国王和那不勒斯国王的同盟。

　　在罗马势力强大的科隆纳家族的支持下，怒不可遏的查理五世决定要让无耻的教皇付出代价。他召来了雇佣兵队长乔治·冯·佛朗斯堡，此人外号"猪崽"，手下有一支一万人的军队。

　　查理五世付了他一笔"定金"，并且向他保证，对于剩下的部分，罗马的珠宝财富随他取用。在普莱桑斯，被任命为米兰总督的法国陆军统帅波旁加入了佛朗斯堡，而很快，一万两千名西班牙人和意大利人也归顺了。

　　一直到 1555 年，在他去世前九年，米开朗琪罗才能够向乔尔乔·瓦萨里，他的传记作家，提起这些极度悲惨的事件：

　　"你将要听到的事情，乔尔乔，是我从我的朋友巴勒多西那儿听来的,他在罗马重兴了雅各布·加利的银行。听好了,你将会明白为什么,自从我五十多岁以来,我不再有任何思想,凿子将在我的身上刻下死亡。"

米开朗琪罗脸色苍白。随着年月流逝,他布满皱纹的脸上也刻进了由坚毅的决心和桀骜不驯的智慧造就的美。他缓了口气,继续说:

"1527 年,你还几乎只是个孩子,乔尔乔,享受着佛罗伦萨秋日的乐趣。过不了多久,佛罗伦萨就将要承受苦难了……想象一下一支由五万名雇佣兵组成的军队汹涌而至,就像一大片蚱蜢一样冲进梵蒂冈……"

米开朗琪罗用深邃的目光打量着瓦萨里,后者被吓得心惊胆战,停下了手中的笔:

"落日的余晖笼罩了整座城市。宫殿都浸没在夜色之中。波旁统帅在第一阵交火中就倒下了。一颗子弹正好打中了他的肠子,里面的排泄物都流了出来。如果他活着,他或许还可以保住他的军队……"

米开朗琪罗陷入沉思,欲言又止。突然,他用轻蔑的语气脱口而出:

"在圣彼得,教皇哭哭啼啼,捶胸顿足。足足三十个枢机主教才能把藏在大衣下面的他半推半扛地沿着长长的走廊带到装满了大炮的圣天使堡。"

他一副若有所思的样子,继续叙述着:

"堡垒里面塞满了人:成千上万的避难者。每个人都在指挥,也就相当于没有人在指挥。是枢机主教奥尔西尼吧,有可能 …… 但有时候最糟糕的不是这些侵略者……在城堡里面充斥着的是狂怒和纵酒……"

米开朗琪罗抬手掩住眼睛,长久的沉默打断了他的

话语,近乎使人无法理解:

"士兵们把孩子们砍成两半,又强暴妇女们,他们从修女开始下手,把十字架插进她们的下体……他们唱着歌把圣神医院里的病人钉在床上……"

瓦萨里听着,俊美的脸庞扭曲得近乎让人认不出来,仿佛刚刚被人重重打了几拳。他的羽毛笔掉了下来,在他名贵的地毯上洇了一大摊墨水……而他完全没有意识到要把它捡起来。米开朗琪罗,如此瘦小,如此多的皱纹,却和斥责追随金牛犊者的摩西那么相像。他开口了:

"士兵对人们施以酷刑,挖出他们的眼睛,拔下他们的指甲,不论是富人穷人,都用斧头把他们砍成碎片,再扔到台伯河里。鲜花广场变成了市场,在那里买卖的是偷来的赃物,还有拆开保险箱硬拉出来镶满珠宝的圣体显供台……"

米开朗琪罗停了下来,机械地揉着他的旧长裤,仿佛想要重新找回一丝现实感:

"教堂成了马厩,礼拜堂成了茅房。人们把画面上耶稣或圣母的眼睛挖出来,广场上装扮成神父的驴子被赶着走……最糟糕的是,巴勒多西向我坦白道,是施瓦本的那些人:他们衣衫褴褛、身上淌着血和酒,高声喊着:'Viva Luther Papa!'(教皇路德①万岁!)"

米开朗琪罗的目光越过了瓦萨里,落在了远方,所见之物仿佛已经超越了想象,也超越了常人的理解:

上帝怎么能让这样的一场屠杀发生呢?竟还有一场鼠疫让一切变得更糟?将近一年的时间!一直到春天,

_____

① 译者注:指马丁·路德。

153

教皇在皇帝面前屈辱地签下那份不平等的和平条约：四万个杜卡托金币（这不是小数目）、普莱桑斯、奥斯提亚、奇维塔韦基亚，甚至还要把圣天使堡全部让给胜利者……到了12月被释放之后，教皇就像一个窃贼一样逃到了奥尔维耶托……

米开朗琪罗打倒了那个出现在他的梦中，就像一个乔装打扮的男孩一样，光鲜地裹满金银珠宝的克雷芒七世。仿佛一个教皇必须与国王去下一盘提前作弊的棋！

雕塑家慢慢地站了起来，性情温和的瓦萨里近乎要呕吐，米开朗琪罗留他在那儿，呆滞地盯着地毯上的墨迹：无法忍受，却又不可磨灭……

*

让我们再回到1527年。罗马之劫和美第奇教皇的失权，鼓舞了佛罗伦萨人站起来反抗他们的统治者亚历山德罗残暴的专政，绰号"摩尔人"的他是克雷芒七世和一位黑白混血女仆的私生子①。

急着投身其中的米开朗琪罗关掉了洛伦佐的礼拜堂。他无法专注于为尤利乌斯二世墓所刻的《胜利》（一个《大卫》一般的人物脚下踩着一个老人的头颅，在他看来这个雕塑让人联想到年轻的共和国），加入了共和派一边。尼科洛·卡波尼刚刚被选举成为旌旗手。一支守卫城市、抵御入侵的民兵部队也被建立起来……

---

① 登上教皇之位后，克雷芒七世就任命了年仅十三岁的亚历山德罗为佛罗伦萨的统治者。他的表弟伊波利托，内穆尔公爵朱利亚诺的私生子，被认为是辅佐他工作的助手，但实际上只是扮演着随从的角色。

在佛罗伦萨,一片喜悦的气息:商业繁荣,政府由代表着贵族的议会所辅佐……

1528 年初,米开朗琪罗收到了教皇的"敕令",命令他继续完成圣器室的雕塑,并将为此付他五百个杜卡托金币。厌烦至极的米开朗琪罗觐见了旌旗手卡波尼:

"我不想要克雷芒的金币,但我却十分想要继续在礼拜堂里雕塑!"

"千万不要,米开朗琪罗:议会将会把你看作叛徒!"

人们害怕克雷芒七世的怒气将会扑向这座和他作对的城市。一场鼠疫已经让佛罗伦萨人失去了对未来的美好信念……

米开朗琪罗半步不离赛提尼亚诺的家,他的弟弟博纳罗托被隔离在里面,舌头发黄,满嘴胡话。他完全不认得自己的哥哥了,而他哥哥冒着生命危险,守着他,直到他生命的最后一刻,为他合上双眼,自己泪如雨下。

米开朗琪罗在一封信里,讲述了这段无法忍受的经历:他是如何自己一个人掘出坟墓的,全因为他找不到掘墓人;他是如何烧掉博纳罗托的衣服,又把自己浸到一桶近乎烧开的热水里的。他是如何,近乎发疯地,写了一份让他的侄子莱昂纳多和博那罗蒂洛受益的遗嘱的。

雕塑家从这场劫难中毫发无损地逃离了出来,而瘟疫似乎也被控制住了。然而把一切廉耻都踩在脚下的克雷芒七世,和查理五世、西班牙、科隆纳、乌尔比诺公爵都结了盟。军队开进了佛罗伦萨,意图瓦解共和国,重建美第奇家族的权力。

旌旗手卡波尼把米开朗琪罗叫到议会大厅,这个气质和善的人长着一张像农民一样方正的脸,目光直率。

他向米开朗琪罗提出一项特别的任务：

"博那罗蒂，你是一位雕塑家，也是一位工程师。我们想让你来修建防御工事。"

军事工程师，就像列奥纳多·达·芬奇一样！

出于对美第奇家族的厌恶和对共和国狂热的喜爱，米开朗琪罗接受了。在他的带领下，建筑工人和农民们加固了摇摇欲坠的墙体，并且还往上加高了几米。

在一致的同意中，他被选入 Nove della Milizia（"民兵九首领"），担任防御工事的总指挥。

他命人挖出了深邃的壕沟。他的构思是非凡的：要加固圣米尼亚托教堂的钟楼，以期站在它的顶层，被围困在城内的人们将能俯视整个战场。

来自佩鲁贾的马拉泰斯塔将军已然准备好领导军队。没过多久，他的狂妄自大就惹恼了米开朗琪罗，更何况米开朗琪罗的朋友马里奥·奥尔西尼也向他形容此人为一个在背叛中再行背叛的人（他出卖了佩鲁贾，把阿雷佐交给了教皇……）。一天晚上，米开朗琪罗陷入了某种消沉当中。他让人把一万两千个弗罗林金币缝进他三件像衬裙一样的外套里，给自己的马套上马鞍，飞驰逃向博洛尼亚，却又在半路突然掉头回到佛罗伦萨……

米开朗琪罗被罚三年不得参加议会，但在围城期间，他所展现出的令人钦佩的勇气却没有因此而减少分毫。他领导一群农民对圣米尼亚托的钟楼进行加固；加工羊毛的手工艺人给他带来了一些可以用来保护钟楼的包裹，在马车夫的帮助下，他把它们用绳索吊进了城墙内。

敌人的军官明白得太晚了：他们的炮弹缓慢无力地掉入了壕沟里……他们对钟楼毫不在意……就在"饥饿

围困"之前,米开朗琪罗的职位被恢复了:依靠海运的粮食被切断了。在佛罗伦萨,人们没有死于饥饿、缺水抑或战争,而是死于鼠疫,在这个酷热的夏天,它的来势更加凶猛了。至少有五千人因此丧生!

尽管驻扎在比萨的弗朗西斯科·费鲁奇将军进行了英勇的战斗,尽管一万六千名死里逃生的士兵甘愿以自己的生命为代价,背水一战,发誓要在城墙两侧发起攻击,费尽一切代价而即将得到胜利的佛罗伦萨,却不得不选择投降:1530 年 8 月 2 号,马拉泰斯塔,又一次叛逃了。

佛罗伦萨因此欠下了一笔八万个杜卡托金币的债务。民兵军队中的士兵不加审判就被处决了。政府成员在巴杰罗被吊死。卡波尼被当众斩首。至于圣天使堡的那些囚犯,则被活活饿死在里面。

巴乔达尼奥诺,佛罗伦萨的官方建筑师和大教堂钥匙的保管者,则向米开朗琪罗提供了一个在钟楼里的藏身之所。他直到 11 月中旬都躲在里面,任何一点儿小动静都让他胆战心惊。整个佛罗伦萨都知道他的藏身之地,但出于对侵略者极大的仇恨,没有任何人揭发他。人们冒着生命危险给这个躲藏的人送去果腹的口粮……

一天早上,有人高喊让他下来。克雷芒七世的一个信使带着一份敕令,让他重新开始圣器室的工程:

"米开朗琪罗错了;我从来没有伤害过他",克雷芒七世可能是耸耸肩,说出的这句话……恢复了职能的佛罗伦萨旧政府①被要求只要雕塑家重新开始建造圣器室,就要以最大的尊敬来对待他。克雷芒甚至还恢复了他的俸禄。

---

① 1532 年,新的宪章甚至宣告亚历山德罗为"佛罗伦萨世袭公爵"。

　　不幸的米开朗琪罗又落入了一种怪异的折磨之中：是被吊死在巴杰罗，还是为那些他曾经对战的敌人的荣光而工作！雕塑家的行为却同样值得深思。他应允为巴乔·瓦罗里，新的佛罗伦萨统治者，处决了他的朋友巴蒂斯塔·德拉·帕拉的凶手，雕刻了《抽箭的阿波罗》。不久（在 1544 年的时候），他竟然还否认了那些被流戍的佛罗伦萨人是自己的朋友。

*

　　1534 年，年近六十的米开朗琪罗只感觉到对自己和对全世界的厌恶：一位崇拜者称颂了《夜》，说如果人们和她说话，她仿佛就将醒来，他回复说：

> 睡眠于我是甜蜜的，而成为石头更是如此
> 当我仍在忍受罪恶和耻辱；
> 不见不闻是我的幸运。
> 那么不要惊醒我：在此处说话轻些吧。[17]

　　亚历山德罗·美第奇公爵，佛罗伦萨的"终身旌旗手"，却对他心怀怨恨，而米开朗琪罗拒绝为他修建一座可以威临全城的堡垒，这更是往他的怒火上添了油。在克雷芒七世逝世的时候，也就是在他自己的父亲洛多维科死于九十岁的当天后不久，米开朗琪罗幸运地不在佛罗伦萨城内。否则的话，正如他自己在一封信里描述的，"亚历山德罗和他的手下将会像毒蛇一样向我扑来。"

　　雕塑家留下了未完成的工程，让他的朋友和侍从乌

尔比诺①塞满了马鞍的袋子：几乎全都是绘画的材料。对于衣物，他一点儿也不在意！

米开朗琪罗用马刺赶着他的马；第二天，他就能到罗马。他穿过罗马门，逃离了这座城市，现在它于他不仅代表了出生，也象征着死亡。他没有再去看一眼被损毁的《大卫》②，也没有再看一眼埋葬了他的弟弟和父亲的墓地，他在脑海中构思出了一首献给洛多维科的十四行诗，是他最为优美的作品之一：

> 你在离世之时死去
>
> ……
>
> 由着你的死，我学会死亡，
>
> 我亲爱的父亲……¹⁸

雕塑家发现这座城市沉浸在一片欢腾之中。即使是在葬礼当中，罗马人也流露出他们的喜悦之情。到头来，梵蒂冈终于不用再为罗马之劫负责了！

美第奇宫邸只有外墙披挂着传统的黑旗。在里面，人们大肆设宴。被所有人憎恶的"摩尔人"亚历山德罗的日子所剩无几了：既然克雷芒已经死了，他就必须让位给枢机主教伊波利特，年仅二十三岁的他是备受爱戴的内穆尔公爵朱利亚诺的私生子。

1534 年 10 月 11 日，亚历山德罗·法尔内塞被推选登上圣座，名号为保禄三世。法尔内塞曾经是洛伦佐大帝邀请至美第奇宫邸的座上之宾，不过是在米开朗琪罗

---

① 米开朗琪罗在书信中承认说，可能比自己更甚（也不过是个丑陋的人），乌尔比诺的难看的躯体"包裹着美丽的灵魂"。

② 年轻的瓦萨里把在起义中不巧被打碎的手臂的碎片收集了起来。随后，他对其进行了完美的修复。

之前许久。他的妹妹、亚历山大六世的情妇,迷人的茱莉娅让他成了枢机主教,而他也因此被人们称为"衬裙枢机主教"。但是完全不喜糜烂生活的亚历山德罗,已然决定献身于上帝。

"四个私生子!"米开朗琪罗冷笑道……"怎么能相信他的赎罪?"

就在此时,一个信使来敲他的门:教皇想要立刻见他,有极其重要的消息要和他沟通。

米开朗琪罗,如同之前的许多次一般,再次来到了御座前。米开朗琪罗说过,他一次又一次地说,自己"目测如尺"。即使不能即时写生,他也能描画出他瘦小的脸庞,白色胡须上的长鼻子,以及近乎看不见的嘴唇……

"我的孩子,我希望你能来为我服务。"

"这于我而言是无上的荣耀,至圣圣父。"

"我首先希望你能在西斯廷礼拜堂祭坛的墙上画上《最后的审判》。你的作品看起来似乎还没完成。"

"我不能接受这样的命令,圣父,三十年前我就答应了尤利乌斯二世的继承人要建造出他的陵墓!"

"这三十年来我都希望你能来为我服务。我会让乌尔比诺公爵满足于你已经雕出来的部分!"

米开朗琪罗跪下,亲吻了教皇的戒指,这位瘦小的教皇披着深红色的披风,气得浑身发抖。

*

现在他沿着亚历山大大道重新回到了圣彼得大教堂。朱利亚诺·德·桑加罗死后,他的侄子小安东尼奥

（曾经也学习过《沐浴者》）成了总建筑师：

"真是使人震惊，"米开朗琪罗评价着，"将近二十年来整个工程实际上都没有任何进展……"

就像一个木偶一样，他走向卡瓦列里家族（"保守者"）被矮墙围起来的城堡。这个古老的罗马贵族家庭在几个世纪以来都致力于保存城里的建筑和艺术财富。就像在梦里一样，他让重重的榔头又一次敲在大门上……

一个仆人把他领进客厅，长得仿佛没有尽头的墙面上排列着除了洛伦佐大帝的那些收藏之外，他所见过最美的古董大理石。没过多久，一个人进来了，在二十四岁的青春光彩中熠熠生辉，比米开朗琪罗两年前在一个招待会上所见时更加虚幻。米开朗琪罗曾经向他寄过疯狂的信件，里面写着令人倾倒的诗句：

> 如果一种贞洁的爱，如果一种高大的怜悯，
> 如果一种相同的命运落在了两个相爱之人的身上，
> 如果落在一人身上的残忍宿命也降临在另一个人身上
> 如果相同的精神，相同的愿望主宰着两颗心灵，
> 如果在两副躯体里的一个灵魂得以永生……[19]

而对方用一首冰冷和礼貌的《〈大卫〉降临》予以回复：作为一个绘画的狂热爱好者，他只是想成为大师的学徒，没有别的意思。

那一天，他们一起离开了宫殿。他们变得密不可分，在纳沃纳广场或者大广场上画画，像老朋友一样无话不谈。

他们是情侣吗？就像女先知一样，米开朗琪罗留下了谜语：

我之所欲,我之所学

于你俊美的脸庞,

不可被凡人所理解,

想要理解它的人应先死去。[20]

托马索·卡瓦列里将在米开朗琪罗构思《最后的审判》的漫长过程中一直在旁协助,而整幅作品的绘制将持续六年(比穹顶还多两年,即使把在博洛尼亚的插曲计算在内)。

*

这位画家－雕塑家－建筑家对保禄三世抱有好感。他欣赏他的学识、他的幽默、他的正直。但他能不能把对于基督教信仰的疑虑向这位教会领袖吐露呢? 在这种信仰中,最后的审判将发生在世界末日之时。

对于米开朗琪罗来说,在罗马之劫发生近十年前、旌旗手卡波尼受刑后不久,最后的审判就已经开始,且从未停止过。但丁是否有想象过比这个循环往复的动乱更加阴暗、更加无可挽救的地狱? 在这场动乱中,既是"人上之人"(裸体青年)又是令人生畏的朱庇特的那个高大的耶稣,竟将抛弃全体生灵?

"不,不是全体。"米开朗琪罗思考着。不是一团混乱。每个人都将和别人不同。每个人都会有自己的 putto(不可见的"小天使",正如皮科·德拉·米兰多拉所反复说的一样)。我所要呈现的,是既迷失,又被囚禁在自己的世界里的人类……

圣母玛利亚? 她会蜷缩在巨大的满心复仇的圣子背

后，身处画面的正中央。只有身上的疤痕见证了他被钉在十字架上的苦难，但这些疤痕近乎不可见。信众们应当明白圣母代他祈祷的那个时刻已经过去了……

带着一种默契的神色，耶稣望向被剥皮的巴多罗买，他被放在显眼的位置，一只手里握着给他自己施刑的刀子，另一只手提着自己的皮囊，上面的样貌和米开朗琪罗一模一样，带着愤怒和复仇的神色。他仿佛在吼叫着："在美的大理石上凿的每一下，都是在突出我这幅皮囊的屈辱！"

成群围绕在基督身边的圣人们长得都不好看，仅仅是有恰当的比例。他们的姿态充满着复仇和敌意。

在这场永恒的审判右边，是被选中入天堂的人；左边，是将入地狱的。

背景？一片灰蓝，深浅莫测。表层？死气沉沉，暗淡无光。透视？不见丝毫。

画面上的人物像一支行进的部队一样朝着观众推推搡搡地走过来，完全不顾那些手持耶稣受难刑具的强壮的天使和那些有着人类模样的恶魔，他们被画在山地上或者半月拱肩里。

在耶稣的上方（他的姿态让人想到了安杰利科修士的《奥尔维耶托的耶稣》）是约拿的腿，穹顶上光之源泉的"第一级阶梯"。因强烈的对比效果，这个穹顶将变成因光和水而膨胀的巨大楔子。这个楔子将比那些能开采出大理石的凿子更加强硬。这个楔子，按照基督在《希伯来书》中所说，将使人得以越过圣殿之墙。

应下地狱的人和被选中上天堂的人，都依循着他们的队伍，后面紧跟着不幸的比亚乔·达·切塞纳，教皇的礼仪总管①,他被画成米诺斯,地狱之王……在此处上演的,不是世界末日,而是世界的复活:柏拉图式"幻象"的界限被打破了;精神的纯粹真理(或者也可以说是"理念的")在一个新的亚当身上被揭示出来,他像是看着镜子一样凝视着巴多罗买,后者一只眼看着救世主,另一只眼看着神情悲戚的"米开朗琪罗的皮囊",而这幅皮囊用盛怒的眼神盯着观众……

"上帝按照自己的样子造出人类,他按照上帝的样子创造人类……"创世纪里说得如此清楚……

到 1540 年年底,壁画《最后的审判》已经接近完工,而就在这时米开朗琪罗从脚手架上摔了下来。向来不喜欢医生的米开朗琪罗,不让乌尔比诺把托马索请来的医生放进屋。米开朗琪罗硬说两个男人将会把门撞破……难道应该相信他吗?

不过,可以肯定的是教皇第一次看到《最后的审判》时,做出的反应:他双膝跪下以求谢罪。他在复仇的基督脚下痛哭流涕,直到他认出了在地狱里的比亚乔,那一刻,他破涕为笑。

同样毋庸置疑的是,机会主义者(和下流之人!)"诗人"阿雷蒂诺在一封落款于 1545 年的信中强烈谴责了画面上"生殖器和精神恍惚之人的器官被描绘得如此清晰,以至于就算放在妓院里,人们在它们面前也不得不闭上双眼。"此时正是反宗教改革运动的开端,阿雷蒂诺完全迎合了那些"穿短裤的人",他们主张应当给画中的裸体都加上短裤……

---

① 他形容《最后的审判》是"淫秽的"。

＊

　　随着年岁增长，米开朗琪罗的生活发生了巨大的变化。从 1535 年开始，他就成为一群年轻的共和派人的焦点，他们在他位于 Macello dei Corvi 的画室里谋划着针对亚历山德罗·德·美第奇的阴谋，后者自从把他短暂的对手伊波利特诬陷入狱之后，在佛罗伦萨只手遮天。①这场谋反失败了。1537 年，亚历山德罗被他的一个远房表兄（老科西莫的弟弟，老洛伦佐的后代），外号"洛伦齐诺"的洛伦佐暗杀。后者年仅二十三岁，随即逃到了威尼斯②。他年轻的叔叔科西莫成了佛罗伦萨公爵。人们因为他所带来的恐怖统治，把他叫作科西莫大帝。在一场极其残暴的镇压之后，他在 1569 年自封为"托斯卡纳大公"，于 1576 年死于家中。

　　佛罗伦萨共和国永远只能是一场梦了……而 1536 年，米开朗琪罗正是在那儿遇见了维多利亚·科隆纳。她四十四岁，而他已经六十多岁了。维多利亚出生于意大利的一个古老的贵族家庭③，十七岁时就嫁给了在帕维亚战役中胜利的佩斯卡拉侯爵。她爱他，尽管他从未爱过她。1525 年她的丈夫死后，维多利亚便全然寄托于哲学、宗教和诗歌。

---

　　①　也是在这个时候他因为娶了查理五世的私生女玛格丽特而获得了他的支持。

　　②　阿尔弗雷德·德·缪塞的《洛伦扎其奥》就是取材于他。他在 1548 年在威尼斯被年轻的佛罗伦萨人刺杀而死。

　　③　随父系家族她是科隆纳公主，随母系家族她是乌尔比诺公主。

维多利亚·科隆纳当时因其诗作而闻名意大利,这些诗作歌颂着改变了面貌的爱情,歌颂着"那些不朽的美,不会像其他东西一样消逝的美……"。

她和阿里奥斯托(他在《疯狂的罗兰》里称颂了她)保持着通信,又经常与那些有名的改革家来往,如胡安·代·华迪斯(查理五世的密友)的启迪者贝纳迪诺·奥奇诺①,以及枢机主教孔塔里尼,这位主教在 1567 年被宗教裁判所在罗马以火刑处死。

维多利亚并不美丽:一张充满男子气概的脸庞,有着过高的前额、过长的鼻子和紧绷的嘴唇……1541 年,她离开罗马前往修道院,先是去奥尔维耶托,然后是维泰博,六年后她将在那里逝世。葡萄牙画家弗朗西斯科·特·霍兰德在他的四本《关于绘画的对话录》中记录了她和米开朗琪罗的谈话。

米开朗琪罗爱她吗?他为她作过画——尤其是《复活》——和诗歌,带着些许矫揉造作:

极其幸福的灵魂,凭借炽热的爱
使我濒临死亡的、苍老的心重获生机……

她的诗句(……)全然照亮了生命
是她在一生中不曾拥有的;
而由着死亡,她征服了
她还未曾拥有的天国。②21

充满热情,因深负罪恶感而通过各种苦行自我惩罚,但又是天生的、骨子里的艺术家,维多利亚几乎是一个女

---

① 他随后改信新教。
② 作于维多利亚逝世之时。

性的米开朗琪罗。他们的交流为他带来了他向来缺失的安全感。也正是维多利亚重新点燃了他晚年间对宗教的狂热信仰。

*

这位女友 1547 年的离世让他"像是一个空贝壳"。她的死碰巧和尤利乌斯二世墓的揭幕在同一天,后者被放置在圣彼得锁链教堂。石棺由最后的两个令人痛心的雕像,拉结和利亚所装饰。米开朗琪罗是不是在工程当中厌倦了呢?否则他怎么会呈现出两个女性,而且她们还穿着衣服?

在这一时期他同时画了保禄小堂的壁画(《圣保罗归信》《圣彼得殉道》),到了 1550 年,都未完工就放弃了。他差点就拒绝了尤利乌斯二世①的命令了:

"至圣圣父,我已经太老了,我的膀胱十分难受②……"

"我会给你足够的时间的,我的孩子。"

这两幅壁画惊人地明亮,就像西斯廷的穹顶壁画一样;富有装饰风格的人物,露出脊背(但身着衣服),出奇地让人想起《沐浴者》。围绕成圈的动态让人想到《最后的审判》。多个灭点之中,并不存在透视……是启发,抑或是天才般预见了塞尚或者毕加索的作品?

---

① 译者注:应为保禄三世,疑为作者笔误。
② 他患有肾结石。

建筑的"躯体"

1546 年小安东尼奥·达·桑加罗死后,米开朗琪罗被保禄三世任命为"圣彼得大教堂的总建筑师"。

虽然抱怨着自己年事已高,米开朗琪罗还是马上投入了工作,还对极为惊讶的教皇宣布他的决定:

"我的圣父,我拒绝接受报酬。我将纯粹为了灵性而工作。"

在给圣彼得的议事司铎,巴尔托洛梅奥·费伦蒂的信中,米开朗琪罗做出了一次真正的道歉,对象是他曾经发自内心讨厌的人:布拉曼特!"……自古罗马以来最为高尚的建筑家之一……背离了布拉曼特的命令的人,就是背离了真理,比如桑加罗。"

信件的剩余部分写到了桑加罗建造的回廊,使人不禁发笑:

"这么多阴沉的可藏之处……给那些数不过来的无耻行径提供了机会,比如让那些不法之徒加以躲藏、制造假币、强暴修女……"

虽然看起来像是什么都没有发生,但他的确是让人一点一点地把桑加罗加建的部分拆掉,回到布拉曼特最开始的希腊十字布局,这引起了"桑加罗派"的抗议。一直在所有事情上都袒护米开朗琪罗的尤利乌斯三世^①，在他 1549 年 11 月去世前一个月，给了米开朗琪罗很大的权力。他可以做他打算做的事……

米开朗琪罗十分看重他这个"垄断地位"，除了关于圆穹顶的，没有留下大教堂的任何设计图和模型，而圆穹顶的建设也直到他去世前四年，也就是 1564 年，才开始动工。

这位"天才"预料到了自己的力量："我的精神和我的记性都离我而去了，它们在别处等着我"，他在八十岁的时候写道。他对教堂正立面没有任何计划。他着眼于整个建筑的庞大工程，这将毋庸置疑地把他的风格注入跟随其后的所有修整之中。工程由德拉·波尔塔实施，忠诚的卡瓦列利在旁提供意见。但是到了 1607 年，保禄五世（卡米洛·博尔盖塞）却荒唐地中断了这个工程：重新回到"拉丁十字^②"的布局。

今天，整个圆穹顶有些许被埋没在高大的门面背后……

年老的米开朗琪罗是否已经猜测到人们将会，以这样的方式，篡改他的作品？这是毫无疑问的：

"如果我离开罗马，不止一个混蛋会为此感到高兴；这也将毁坏我所有做过的工作，这对我来说将是一种莫大的耻辱，而对我的灵魂来说则是深重的罪行。"

已然，保禄四世（来自宗教裁判所，令人生畏的枢机主教卡拉法）让人给西斯廷的壁画"穿上了短裤"！不过画家达尼埃尔·特·伏尔泰拉却承诺说给男人加上的裤

---

① 译者注：应为保禄三世，疑为作者笔误。
② 耶稣的"十字"。

子和给女人加上的衬裙都将轻如浮云。

米开朗琪罗把自己关在位于 Macello dei Corvi 家中，无声地落泪。他双手颤抖着写下：

> 世界是盲目的，而它悲哀的教训
>
> 毁灭和淹没了一切品德高尚的俗例；
>
> 熄灭了是光明，逃去了是一切安定，
>
> 虚假得了胜利而真实却保持缄默。[22]

他的所有朋友都已经去世了：格拉纳奇、塞巴斯蒂亚尼·德尔·毕翁伯、巴勒多西、他亲爱的乌尔比诺……还有他的弟弟们：吉斯芒多，紧接着是乔凡·西蒙尼……

而已经结婚的托马索，都已经成了孩子的爸爸了！

陷入沉思的米开朗琪罗起了身，要找出卡比托利欧广场的图纸，找出保守宫的、法尔内塞宫的、圣乔凡尼教堂的、斯福尔扎礼拜堂的。他的父亲在九十岁时去世，他还有五年……

图纸散落在工作台上：许多图画，外加满桌幻想。终生无子的他，按照自己的形象，在各地播撒着石头刻出的生命，他们都带着对称的身体、一副骨骼，一层皮肤……他又抓起了一沓画稿，扔到壁炉里面，然后再一沓，又一沓……真相就像洛伦佐礼拜堂里那些没有被打开的窗户一样永远被封存了……米开朗琪罗现在又抱起一大把诗稿扔到火里……

尽管天气严寒，尽管正下着雪，他还是上了马，要去天使与殉教者圣母小教堂。在他的包里，装着一个锤子和一把凿子：他要重新调整《圣母与圣子》①雕塑的平衡，

---

① 这座《隆旦尼尼圣殇》以非凡的方式体现出了贾科梅蒂的风格。

他要让它和上帝的作品一样完美……

米开朗琪罗晕倒了,失去了意识。到拂晓,他重新醒过来。他拉着、推着马回到家中,瘫倒在床上,气息微弱,和惊慌失措地赶来的仆人小声地说:

"把托马索叫来!"

他让人拿来一张纸,一支羽毛笔,神志清醒地,写下了只有三句话的遗嘱:把灵魂留给上帝,身体留给土地,财产留给侄子莱昂纳多。

"托马索! 我希望和我的家人一起葬在圣十字大殿……"

卡瓦列里轻轻地合上了他这位朋友的双眼。他是多么美啊,脸上的皱纹诉说着他一生的忧虑和苦难……五点的钟声响起,这是 1564 年 2 月 18 日。

*

米开朗琪罗的遗体之后被带回佛罗伦萨,正如他所希望的一样①。在这之前,所有的画家、雕塑家和建筑师都聚集在圣彼得教堂前,围在他的棺椁旁。棺椁被放置在担架上,盖着一张绣金的绒布。在绒布上,只有简单的一个十字架。到了午夜,年长的艺术家们手握火把,而那些年轻的抬起担架。像瓦萨里一样,这群人感到十分幸福,能够"有幸抬起艺术史上最伟大之人的遗体"。

---

① 他的遗体被安放在圣十字教堂,陵墓由瓦萨里设计,完工于 1570 年。

注 释

1. A. Condivi, *Vie de Michel-Ange*, Climats, 1999.

2. Michel-Ange, *Sonnets*, Club français du livre, 1961.

3. Michel-Ange, *Poésies/Rime*, Les Belles Lettres, 2004.

4. Dante, *Divine Comédie*, *in* OE*uvres complètes*, « La Pléiade», Gallimard, 1965.

5. Giorgio Vasari, *Michel-Ange*, *in Vie des peintres*, Les Belles Lettres, 2000.

6. Michel-Ange, *Sonnets*, *op. cit.*

7. Lettre à son père, 8 février 1507, P. Barocchi &. R. Ristori(dir.), *in Carteggio di Michelangelo*, Sansoni-SPES, Florence, 1965—1983.

8. Michel-Ange, *Poésies/Rime*, *op. cit.*

9. *Ibid.*

10. *Ibid.*

11. Michel-Ange, *Sonnets*, *op. cit.*

12. Michel-Ange, *Poésies/Rime*, *op. cit.*

13. Michel-Ange, *Sonnets*, *op. cit.*

14. Léonard de Vinci, *Traité de la peinture*, Gallimard, 1942.

15. Lettre à son père, mars 1520, in *Carteggio di Michelangelo*, *op. cit.*

16. Michel-Ange, *Poésies/Rime*, *op. cit.*

17. *Carteggio di Michelangelo*, *op. cit.*

18. Michel-Ange, *Poésies/Rime*, *op. cit.*

19. Michel-Ange, *Sonnets*, *op. cit.*

20. *Ibid.*

21. Michel-Ange, *Poésies/Rime*, *op. cit.*

22. *Ibid.*

参考文献

米开朗琪罗的作品

意大利语原文

书信:*Carteggio di Michelangelo*,1965-1983,P. Barocchi & R. Ristori(dir.),Sansoni-SPES,5 vol.,Florence,1965-1983.

诗歌:*Michelangelo Buonarroti*,*Rime*,Rizzoli,Milan,1954.

法语译本:

Lettres,Les Belles Lettres,Paris,2001.

Lettres familières,Les Belles Lettres,2005.

Poème,Gallimard,« Poésie »,1992.

Poème/Rime,Les Belles Lettres,2004.

Sonnets,Club français du livre,Paris,1961.

参阅作品

James Ackerman, *L'Architecture de Michel-Ange*, Macula, 1991.

Léon Battista Alberti, *L'Art d'édifier*, Seuil, 2004.

—, *La Peinture*, éd. Seuil, 2004.

—, *Divertissements mathématiques*, Seuil, 2002.

—, *Fables sans morales suivies de Prophéties facétieuses de Léonard de Vinci*, Les Belles Lettres, 1997.

Pierre Antonetti, *Savonarole*, Perrin, 1999.

L'Arétin, *Sur la poétique, l'art et les artistes*, Les Belles Lettres, 2003.

Bible de Jérusalem, Le Cerf, 1964.

Kirsten Bradbury, *Michel-Ange*, Parragon, 2004.

Marcel Brion, *Michel-Ange*, Albin Michel, 1995.

Benvenuto Cellini, *Écrits par lui-même*, Scala, 2001.

Ivan Cloulas, *Jules II le pape terrible*, Fayard, 1990.

Ascanio Condivi, *Vie de Michel-Ange*, Climats, 1999.

Enrica Crispino, *Michel-Ange*, Gründ, 2003.

Salvador Dali, *Le Mythe tragique de l'Angélus de Millet*, J.-J. Pauvert, 1963.

Dante Alighieri, *OEuvres complètes*, «La Pléiade», Gallimard, 1965.

Catherine David, *L'Homme qui savait tout*, Seuil, 2001.

René Descartes, *OEuvres complètes*, Vrin, 2000.

Sigmund Freud, *Le Moïse de Michel-Ange*, *in Essais de psychanalyse appliquée*, « Idées », Gallimard, 1971.

175

Ludwig Goldscheider, *Michel-Ange*, Phaidon, 2003.

Francisco da Hollanda, *Della pittura antica* (1548), Silvana Editoriale, Milan, 2004.

Anthony Hughes, *Michel-Ange*, Phaidon, 2002.

Paul Joannidès, *Michel-Ange*, Musée du Louvre, 2003.

Eberhard Kônig, *Michel-Ange*, Konemann, 1998.

Lactance, *La Colère de Dieu*, Le Cerf, 1982.

—, *Institutions divines* (livres I à V), Le Cerf, 1986-2000.

Jack Lang, *Laurent le Magnifique*, Perrin, 2005.

Jean Libis, *Le Mythe de l'androgyne*, Berg International, 1991.

Nicolas Machiavel, *Le Prince*, « Cercle du Bibliophile », Edito-Service, Genève, 1972.

Michel Masson, *La Chapelle Sixtine la voie nue*, Le Cerf, 2004.

Jean Pic de la Mirandole, 900 *Conclusions philosophiques, cabalistiques et théologiques*, Allia, 2002.

Linda Murray, *Michel-Ange*, Thames & Hudson, 1994.

Antonio Paolucci, *La Pietà*, Skira, 2000.

Platon, *OEuvres complètes*, « La Pléiade », Gallimard, 2 vol., 1940-1943.

Romain Rolland, *Vie de Michel-Ange*, Hachette, 1964.

King Ross, *Michel-Ange et la chapelle du pape*, L'Archipel, 2004.

Jérôme Savonarole, *Dernières Méditations*, Desclée de Brouwer, 1995.

Stendhal, *Histoire de la peinture en Italie Autour de*

Michel-Ange, Le Seuil, 1980.

Irving Stone, *La Vie ardente de Michel-Ange*, Plon, 1983.

Hélène Sueur, *ABCdaire de Michel-Ange*, Flammari-on, 2003.

Charles de Tolnay, *Michel-Ange*, Pierre Tisné, 1951.

Yvon Toussaint, *Le Manuscrit de la Giudecca*, Fayard, 2001.

Hermès Trismégiste, *Le Pimandre*, *dialogues gnostiques*, La Sirène, 1920.

Giorgio Vasari, *Michel-Ange*, *in Vie des peintres*, Les Belles Lettres, 2 vol., 2002.

Léonard de Vinci, *Carnets*, Gallimard, 1942.

—, *Traité de la Peinture*, André Chastel(dir.), Calm-ann-Lévy, 2003.

大事年表

1475　3 月 5 日,米开朗琪罗·博纳罗蒂出生于卡斯廷山谷(托斯卡纳地区)。其父洛多维科·博那罗蒂时任卡普雷塞和丘西两个地区的最高行政长官。米开朗琪罗被送至石匠托珀里诺家抚养。

1481　其母弗朗切斯卡·迪·内里在生下五个孩子后,身体衰弱,最终去世。米开朗琪罗有四个兄弟:利奥纳多(长兄)、吉斯芒多、乔凡·西莫尼和博纳罗多。

1485　洛多维科与卢克雷齐娅再婚。米开朗琪罗回到了父亲家。他开始上学,结识了基尔兰达约的学生弗朗切斯科·格拉纳奇。

1488　米开朗琪罗作为学徒加入了基尔兰达约的工作室,并参与到了新圣母大教堂的壁画工程中。

1489　被征召到美第奇宫殿中。洛伦佐·德·美第奇将把他和自己的七个孩子以及一个外甥朱利奥(即后来的克雷芒七世教皇)一起抚养长大。后来他的儿子皮耶罗继承了他的领主地位。在洛伦佐下令建立的圣马可花园中,他成了雕刻大师贝尔托尔多的学生。后来他又进入到柏拉图学院,与马尔西利奥·费奇诺、克里斯托弗罗·兰迪诺、波利齐亚诺、皮科·德拉·米兰多拉共同学习。

1491 萨伏那洛拉成为圣马可修道院的院长。米开朗琪罗的哥哥利奥纳多做了修道士。

创作《梯边圣母》。

贝尔托尔多去世。

1492 洛伦佐·德·美第奇去世。他的儿子皮耶罗继承了领主之位。米开朗琪罗回到了父亲家中居住，并且重新加入基尔兰达约工作室。

1493 创作《半人马之战》。

在佛罗伦萨圣神大殿进行解剖。

1494 佛罗伦萨被查理八世的军队占领。皮耶罗·德·美第奇逃亡。米开朗琪罗逃到博洛尼亚避难。

1495 在博洛尼亚为圣多米尼克教堂雕刻圣龛。在意大利联盟军赶走查理八世后，他重回佛罗伦萨。佛罗伦萨共和国建立，由萨伏那洛拉掌控。

1496 居住在罗马。

创作《酒神》。

1497 卢克雷齐娅·博纳罗蒂去世。洛多维科解除了对米开朗琪罗的监护。萨伏那洛拉发起"虚荣之火"运动。

1498—1500 亚历山大六世教皇开除了萨伏那洛拉的教籍。萨伏那洛拉被逮捕，并在严刑拷打下签了认罪书。索代里尼成为市政议会的实际领导人，马基雅弗利成为他的顾问。

1498—1499 创作《哀悼基督》。

1501—1504 创作《大卫》。

1504 米开朗琪罗(《卡辛那之战》)与列奥纳多·达·芬奇(《安吉亚里之战》)共同设计议会大厅的壁画。

1505 米开朗琪罗被尤利乌斯二世召到罗马,设计他的陵寝。他在卡拉拉居住了很久。尤利乌斯二世建起了自己的瑞士卫队,并在他们的帮助下收复了教皇制国家(1505—1512)。他任性地赶走了米开朗琪罗。

1508—1512 在圣宠中归来:开展西斯廷大教堂穹顶壁画的工程。

1512 尤利乌斯二世逝世。利奥十世当选教皇(乔凡尼·德·美第奇)

1513—1516 创作《摩西》。

1521 利奥十世逝世。1523 年,克雷芒七世当选教皇。他的儿子亚历山大和他的侄子希波吕忒成为佛罗伦萨的统治者。

1524 设计洛伦佐图书馆(佛罗伦萨)。

1527 罗马之劫。

1528 佛罗伦萨共和国成立。

1528—1530 查理五世占领佛罗伦萨。米开朗琪罗成为共和国的军事司令官。马拉泰斯塔的背叛及投降。米开朗琪罗躲藏于大教堂的钟楼里。

1532—1533 在圣宠中归来:设计美第奇教堂(佛罗伦萨)。

1534 克雷芒七世逝世。

1534—1541 绘制壁画《最后的审判》(西斯廷大教堂墙壁上)。

1535　和他的学生托马索·卡瓦列利产生爱慕情愫。结识了维多利亚·科隆纳。

1537　亚历山大·德·美第奇被他的表兄洛伦齐诺刺杀。科西莫一世·德·美第奇成为佛罗伦萨大公。镇压共和国起义。

1538　保禄三世当选教皇。

1546—1550　创作《保罗归信》和《圣彼得受难》(梵蒂冈大教堂壁画)。

1555　完成《圣乔瓦尼》设计图(罗马)

1550—1602　设计卡比托利欧广场。

1560　设计斯福尔扎城堡。

1554—1564　设计圣彼得大教堂,圆顶草图。

1564　2月18日,米开朗琪罗逝世。

米开朗琪罗作品一览

绘画、素描、雕塑、建筑等书中提及的所有作品

《圣巴多罗买》,《最后的审判》(壁画,13.7m×12.2m)局部,西斯廷大教堂,梵蒂冈

《梯边圣母》(大理石浅浮雕,55.5cm×40cm),米开朗琪罗故居,佛罗伦萨

《半人马之战》(大理石浅浮雕,84.5cm×90.5cm),米开朗琪罗故居,佛罗伦萨

《十字苦像》(多彩木雕,134m),米开朗琪罗故居,佛罗伦萨

《圣普罗克洛斯》(大理石,59.5cm),圣多米尼克圣龛,圣多米尼克教堂,佛罗伦萨

《圣佩特洛尼乌斯》(大理石,63.5cm),圣多米尼克圣龛,圣多米尼克教堂,佛罗伦萨

《烛台天使》(大理石,63.5cm),圣多米尼克圣龛,圣多米尼克教堂,佛罗伦萨

《酒神》(大理石,2m),巴杰罗美术馆,佛罗伦萨

《哀悼基督》(大理石,1.74m×1.95m),圣彼得大教堂

《大卫》(大理石,4.1m),美术学院,佛罗伦萨

《法厄同的坠落》（木炭画,41.3cm×23.5cm）,皇家图书馆,温莎城堡

《青铜大卫草图》（钢笔画,26.5cm×19.7cm）,卢浮宫,巴黎

《布鲁日圣母》（大理石,1.28m）,布鲁日圣母教堂

《圣母像浮雕》（大理石浅浮雕,直径:1.25m）,皇家艺术研究院,伦敦

《圣母和圣婴》（大理石浅浮雕,直径:82cm）,巴杰罗美术馆,佛罗伦萨

《多尼圆形画》（圆板蛋彩画,91cm×90cm）,乌菲兹美术馆,佛罗伦萨

《曼彻斯特圣母》（木板蛋彩画,105cm×76cm）,国家美术馆,伦敦

《圣马太》（大理石,未完成）,美术学院,佛罗伦萨

《卡辛那之战绘图》（钢笔炭画,草图）,阿尔贝蒂娜博物馆,维也纳

《卡辛那之战人像》（用羽毛笔蘸墨水,在黑色矿料之上绘制,尖笔快速临摹稿,25cm×9.6cm）,卢浮宫,巴黎

《卡辛那之战人像画稿》（黑色矿料,28.2cm×20.3cm）,卢浮宫,巴黎

《摩西》（大理石,2.35m）,尤利乌斯二世陵寝,圣彼得锁链教堂,罗马

《尤利乌斯二世陵寝,正视图》（羽毛笔蘸墨水绘制草图,并采用直尺、尖笔及黑色矿料）,卢浮宫,巴黎

《奴隶像画稿》（红粉、黑色矿料绘制,尖笔快速临摹稿,36.8cm×23.5cm）,卢浮宫,巴黎

《西斯廷大教堂穹顶》（壁画）,梵蒂冈

《一个小天使和利比亚女先知右手画稿,尤利乌斯二世陵寝草图》(红粉笔,钢笔,28.5cm×19.5cm),阿什莫林博物馆,牛津

《利比亚女先知画稿》(红粉笔,28.5cm×20.5cm),大都会艺术博物馆,纽约

《以赛亚上方的裸体男性草图》(黑炭及擦笔,尖笔快速临摹稿,30.7cm×20.7cm),卢浮宫,巴黎

《以赛亚上方及左边的裸体男性的头部及右手》(黑炭及白色笔触,30.7×20.7cm),卢浮宫,巴黎

《被缚的奴隶》(大理石,2.15m),卢浮宫,巴黎

《垂死的奴隶》(大理石,2.15m),卢浮宫,巴黎

《圣洛伦佐大教堂外墙草图》(红粉及木炭,14cm×18cm),米开朗琪罗故居,佛罗伦萨

《米涅尔瓦的基督》(大理石,2.5m),神庙遗址圣母堂,罗马

《美第奇教堂》,圣洛伦佐礼拜堂,佛罗伦萨

《朱利亚诺·德·美第奇陵墓》(大理石),圣洛伦佐礼拜堂,佛罗伦萨

《洛伦佐图书馆》,圣洛伦佐礼拜堂,佛罗伦萨

《胜利》(大理石,2.61m),旧宫,佛罗伦萨

《佛罗伦萨防御工事绘图》(钢笔,水墨,红粉,41cm×58cm),米开朗琪罗故居,佛罗伦萨

《抽箭的阿波罗》(大理石,1.46m),巴杰罗美术馆,佛罗伦萨

《最后的审判》,西斯廷大教堂,梵蒂冈

《上帝之头》(木炭画,28.5cm×23.5cm),大英博物馆,伦敦

《拉结》(大理石,1.97m),尤利乌斯二世陵寝,圣彼得锁链教堂,罗马

《利亚》(大理石,2.09m),尤利乌斯二世陵寝,圣彼得锁链教堂,罗马

《保罗归信》(壁画,6.25m×6.61m),保禄小堂,梵蒂冈

《圣彼得受难》(壁画,6.25m×6.61m),保禄小堂,梵蒂冈

《圣彼得大教堂穹顶木雕模型》,圣彼得博物馆,罗马

《圣乔瓦尼》设计图(1559年第一版),米开朗琪罗故居,佛罗伦萨

《圣母玛利亚》又称《隆丹尼尼圣殇》(大理石,风格突出,未完成),斯福尔扎城堡,米兰

图书在版编目(CIP)数据

米开朗琪罗传/(法)娜丁·索德尔著;刘懿,谭
心怡译.—杭州:浙江大学出版社,2018.11
(中华译学馆.艺术家)
书名原文:Michel-Ange
ISBN 978-7-308-18659-9

Ⅰ.①米… Ⅱ.①娜…②刘…③谭… Ⅲ.①米开朗
琪罗(Michelangelo,Buonarroti 1475-1564)—传记
Ⅳ.①K835.465.72

中国版本图书馆 CIP 数据核字(2018)第 222374 号

米开朗琪罗传

[法]娜丁·索德尔　著

刘　懿　谭心怡　译

策　　划	包灵灵	
责任编辑	包灵灵	
文字编辑	陆雅娟	
责任校对	杨利军　吴水燕	
封面设计	项梦怡	
出版发行	浙江大学出版社	
	(杭州市天目山路 148 号　邮政编码 310007)	
	(网址:http://www.zjupress.com)	
排　　版	浙江时代出版服务有限公司	
印　　刷	浙江省邮电印刷股份有限公司	
开　　本	880mm×1230mm　1/32	
印　　张	6	
插　　页	8	
字　　数	130 千	
版 印 次	2018 年 11 月第 1 版　2018 年 11 月第 1 次印刷	
书　　号	ISBN 978-7-308-18659-9	
定　　价	36.00 元	